So schön bunte Aussichten

Liebe Leser*innen,

dieses Jahr hatte ich schon früh das Glück, einen Bund grünen Spargel zu ergattern. Dazu habe ich direkt eine Packung Drillinge und Mini-Mozzarella eingepackt und den umwerfenden Spargelsalat von Seite 9 zubereitet. Für mich ein echter Knaller mit dem absoluten Potenzial, mein Favorit der kurzen Saison zu werden. Sogar mein Mann – üblicherweise kein Spargelfan – hat die schlicht-schöne Kreation begeistert gegessen. Zum Glück folgt die Erdbeere schon kurz auf das Stangengemüse und hier ist die Einigkeit groß: Erdbeeren kann es nie genug geben. Daher haben wir ihnen in dieser Ausgabe von **monsieur cuisine by ZauberMix** auch eine bunte Mischung an Rezepten gewidmet, die sie von ihren süßesten Seiten zeigt. Besonders: Unsere Basics wie Erdbeersahne zum Dippen, Erdbeersoße fürs Dessert und Erdbeerzucker – ein perfektes Geschenk oder eine Leckerei auf Milchreis … Wie ihr kleine Portionen oder auch die XXL-Erdbeer-Ernte einfach im Monsieur Cuisine in Marmeladen verwandelt, lest ihr ab Seite 74. Denn dank unseres Zaubertopfs kommt von den kostbaren Exemplaren garantiert kein einziges weg.

Diese Ausgabe haben wir zudem den vielen kleinen Helden des Sommers gewidmet. Denn in unseren Augen sind es die „Kleinigkeiten", die wir zum Grillabend, dem Sommerfest, zum Ausflug mitbringen, die stets alle Anwesenden begeistern. Es sind die Salate, die Dips und Brote, die auf jeder Picknickdecke, auf dem Terrassentisch oder auf dem Büfett für ein Fest der Farben und Sinne sorgen. Und es kommt noch besser: Bei der Zubereitung übernimmt der Monsi die meiste Arbeit für uns … da kann der Sommer doch kommen!

Ich wünsche euch viel Freude mit unseren neuen Rezeptideen für die ersten milden und langen Outdoor-Tage des Jahres!

Vivien Koitka, Chefredakteurin

DIE GRILL-TRENDS 2025

Was gibt's Schöneres, als wieder unter freiem Himmel zu essen! Für die Saison entdeckt ihr ab Seite 88 die neuen Hits, die dieses Jahr für Furore sorgen! **Teilt eure Fotos der Leckerbissen auf ZauberMix.de!**

INHALT

LET'S MIX!

SPECIAL MIX

MIX IT UP!

GRILLEN-SPEZIAL

SERVICE

Fotos: siehe Rezeptseiten

REZEPTE DIESER AUSGABE

REZEPTE MIT DIESEM SYMBOL FINDET IHR ALS **GUIDED COOKING** REZEPTE AUF EUREM MONSIEUR CUISINE CONNECT UND SMART!

S. 77

Marmelade aus „Restbeeren"

S. 81

Vanilleshake mit Quark

S. 82

Himbeer-Joghurt-Shake

S. 82

Zitronen-Buttermilch-Shake

S. 93

BBQ-Chicken-Wings mit Smashed Potatoes

S. 93

DER BESTE vegetarische BBQ-Burger

S. 94

Halloumi-Bacon-Spieße mit Paprika-Salat

S. 94

Schnelle Schweinerei vom Grill

S. 94

Sylt-Currywurst „Sansibar"-Style

S. 97

Gefülltes Tomate-Mozzarella-Grillbrot

S. 97

Knofi-Fladen zum Grillen

S. 98

Käsebaguette aus 5 Zutaten zum Grillen

S. 99

Cheese Bites

S. 100

Schnelles Zupf-Fladenbrot

S. 103

Bacon-Mayo

S. 104

Gerösteter Paprikadip

S. 104

Gewürzgurken-Zaziki

S. 106

Dressing Sylter Art

S. 107

Geröstete Knoblauchsoße

S. 109

Joghurt-Marinade

S. 109

Kräuter-Marinade

S. 109

Paprika-Marinade

S. 110

Asia-Marinade

S. 110

Honig-Senf-Marinade

SERVICE

Unsere Symbole und Angaben für Rezepte und Ernährung

- ANBRATEN
- DAMPFGAREN
- LINKSLAUF
- MIXTOPF
- SPATEL
- TEIGMODUS

- VEGETARISCH
- VEGAN
- LAKTOSEFREI
- GLUTENFREI
- KALORIENARM: Hauptgerichte < 500 kcal, Suppen/Vorspeisen < 350 kcal, süße Rezepte < 150 kcal, jeweils pro Portion
- LOW CARB — KOHLENHYDRATARM: < 25 % der Kilokalorien entstehen durch Kohlenhydrate
- LOW FAT — FETTARM: < 20 % der Kilokalorien entstehen durch Fett

KCAL	KILOKALORIEN
g E	GRAMM EIWEISS
g F	GRAMM FETT
g KH	GRAMM KOHLENHYDRATE

- AiO — Zubereitung in Mixtopf, Kocheinsatz und Dampfgaraufsatz
- ONE POT — Zubereitung nur im Mixtopf
- FIX — Zubereitung in max. 20 Minuten
- EASY — Schnell, unkompliziert, mit einfachen Zutaten
- GESCHENK IDEE — Länger haltbar, gut zum Verpacken und Verschenken

REZEPTE FÜR ALLE MODELLE
Die Rezepte dieses Magazins sind für die Modelle smart, connect, trend und plus entwickelt.

BEQUEM KOCHEN MIT DER ZAUBERMIX APP
Alle Rezepte der neuen Ausgabe findet ihr immer sofort im praktischen Kochmodus zum einfachen Nachkochen im Monsieur Cuisine unter **www.zaubermix.de**

monsieur cuisine

STANGENWEISE *Glück*

Jetzt erobert Spargel wieder die Wochenmärkte. Wir feiern die Saison mit frischen, italienisch inspirierten Ideen

SCHNELL & FRISCH

Während die Drillinge im Dampfgarer garen, hobeln wir einige grüne Spargelstangen der Länge nach in feine Streifen. So roh verarbeitet behalten sie ihren Biss. Optisch überrascht ihr mit dieser Spargelvariante garantiert alle!

Kartoffelsalat Spargel-Mozzarella

Rezept siehe Seite 14

Spargelpizza mit Lachs

00 50 std : min

PRO PORTION: 379 KCAL | 16 G E | 20 G F | 31 G KH

ZZGL. 1 STD. 15 MIN. RUHEZEIT

ZUTATEN FÜR 4 PERSONEN

- **1200 g Wasser**
- **20 g frische Hefe**
- **½ TL Zucker**
- **300 g Weizenmehl Type 405**
- **Salz**
- **60 g Olivenöl**
- **500 g grüner Spargel, im unteren Drittel geschält und in schrägen, dünnen Scheiben**
- **500 g weißer Spargel, geschält und in schrägen, dünnen Scheiben**
- **Blättchen von 1 Bund gemischter Kräuter**
- **25 g Mandeln**
- **Pfeffer**
- **150 g Crème fraîche**
- **250 g Stremellachs, in Stücken**

1 200 g Wasser mit Hefe und Zucker in den geben und **2 Min.** | **Stufe 1** | **37 °C** erwärmen. Mehl, 1 TL Salz sowie 10 g Olivenöl zufügen und **2 Min.** | verkneten. Den Teig umfüllen und abgedeckt etwa 45 Min. an einem warmen Ort gehen lassen. Den spülen.

2 Währenddessen übriges Wasser in den geben. Grünen und weißen Spargel im tiefen und flachen Dampfgaraufsatz verteilen, verschlossen aufsetzen, **20 Min.** | garen. Dampfgaraufsatz abnehmen und beiseitestellen. Den leeren.

3 Kräuter im **6 Sek.** | **Stufe 8** zerkleinern. Mit dem nach unten schieben. Mandeln zugeben, **3 Sek.** | **Stufe 8** zerkleinern. Übriges Olivenöl, ½ TL Salz sowie 3 Prisen Pfeffer zufügen und **10 Sek.** | **Stufe 9** mixen. Mit dem nach unten schieben und **20 Sek.** | **Stufe 8** pürieren.

4 Crème fraîche mit je 2 Prisen Salz und Pfeffer würzen. Den Hefeteig nochmals mit den Händen kneten und für weitere 30 Min. gehen lassen. Backofen auf 250 °C Ober-/Unterhitze vorheizen.

5 Den Teig auf 2 mit Backpapier belegten Backblechen dünn ausrollen und mit der Crème fraîche bestreichen. Spargel und Lachsstücke darauf verteilen. Die Pizzen nacheinander im vorgeheizten Backofen jeweils 8–12 Min. backen, bis der Rand goldbraun und knusprig ist. Mit dem Kräuteröl beträufeln, in Stücke schneiden und servieren.

>ZEIT-TIPPS Die Spargelstangen werden im Dampfgarer 10 Minuten vorgegart, so genügt später die Backzeit von etwa 10 Minuten. Der Stremellachs ist bereits verzehrfertig und wird beim Backen nur noch erwärmt.

Italienische GRANDEZZA

Spargel-Carbonara mit Lachs
Rezept siehe Seite 14

CARBONARA

Die seidig-sahnige Soße gelingt im Monsieur Cuisine perfekt. Anstelle von Schinken erhält unsere Carbonara die salzige Komponente durch die Lachswürfel und einen Frischekick dank der feinen Spargelstreifen. So wird's ein mediterranes Träumchen!

Fotos: Ira Leoni (2); Jorma Gottwald (1); Styling: Christine Mähler; Food: Kay-Henner Menge (1)

Spargelrisotto mit Hähnchen

00 | 45 std : min

PRO PORTION: 741 KCAL | 37 G E | 36 G F | 70 G KH

ZUTATEN FÜR 4 PERSONEN

- **40 g Haselnüsse**
- **75 g Parmesan, in Stücken**
- **1 Zwiebel, halbiert**
- **6 EL Olivenöl**
- **300 g Risottoreis**
- **1200 g Wasser**
- **2 TL Gemüse-Gewürzpaste**
- **750 g grüner Spargel, unteres Drittel geschält, in Stücken**
- **1 TL Zucker**
- **2 Hähnchenbrustfilets (à ca. 200 g), in Stücken**
- **1 EL kalte Butter**
- **Salz und Pfeffer**

1 Haselnüsse in den geben und **5 Sek. | Stufe 7** grob zerkleinern. Umfüllen. Den Parmesan im **10 Sek. | Stufe 10** zerkleinern. Ebenfalls umfüllen und beiseitestellen.

2 Die Zwiebel in den geben und **5 Sek. | Stufe 8** zerkleinern. Mit dem nach unten schieben. 2 EL Öl zugeben und die Zwiebel **2 Min. | Stufe 1 | 120 °C** andünsten. Den Reis dazugeben und **3 Min. | | Stufe 1 | 100 °C** glasig dünsten. Anschließend mit dem vom Boden lösen. Wasser und Gewürzpaste zugeben, **25 Min. | | Stufe 1 | 100 °C** garen, dabei den Kocheinsatz als Spritzschutz aufsetzen.

3 Nüsse in einer großen Pfanne anrösten, dann herausnehmen. Die Pfanne auswischen. 2 EL Öl darin erhitzen, den Spargel darin bei mittlerer Hitze 5–8 Min. braten. Mit Zucker bestreuen, karamellisieren lassen, dann vom Herd nehmen und mit Salz und Pfeffer würzen. Ebenfalls aus der Pfanne nehmen.

4 Übriges Öl in der Pfanne erhitzen, das Fleisch darin goldbraun braten, mit Salz und Pfeffer würzen. Fleisch, Spargel, Butter und geriebenen Parmesan mit dem unter das Risotto rühren. Das Risotto mit etwas Salz und Pfeffer abschmecken, auf Teller verteilen und mit den Haselnüssen bestreut servieren.

Fotos: Kathrin Knoll (1); Ira Leoni (1); stock.adobe.com / exclusive-design (1)

Prachtvoller AUFTRITT

Spargel-Hollandaise-Quiche

Rezept siehe Seite 14

TRICKSEN ERLAUBT

Für die Quiche bereiten wir Boden sowie Füllung im Monsieur Cuisine zu und verfeinern dabei kurzerhand eine fertige Sauce hollandaise mit Schmand, Zitrone und Speck für das perfekte Geschmackserlebnis.

Kartoffelsalat Spargel-Mozzarella

00 40 std : min

PRO PORTION: 412 KCAL | 16 G E | 26 G F | 29 G KH

ZUTATEN FÜR 4 PERSONEN

- **1000 g Wasser**
- **500 g Drillinge**
- **Salz**
- **500 g grüner Spargel, unteres Drittel geschält**
- **2 Stiele Zitronenmelisse (alternativ Basilikum oder Petersilie)**
- **5 EL Olivenöl**
- **Abrieb und Saft von 1 unbehandelten Zitrone**
- **½ TL Zucker**
- **2 Prisen Pfeffer**
- **1 Bund Radieschen, in Scheiben**
- **250 g Mini-Mozzarellakugeln**
- **50 g Rucola**

1 | Das Wasser in den geben, die Drillinge im tiefen Dampfgaraufsatz verteilen und **25 Min.** | garen. Inzwischen den Spargel der Länge nach mit einem Sparschäler in dünne Streifen hobeln, mit 1 TL Salz in einer Schüssel verkneten, bis zur Verwendung ziehen lassen. Dampfgaraufsatz vorsichtig abnehmen, Drillinge auskühlen lassen und den leeren.

2 | Zitronenmelisse im **5 Sek.** | **Stufe 8** hacken. Olivenöl, Zitronenabrieb und -saft, Zucker, je 2 Prisen Salz sowie Pfeffer zugeben und **10 Sek.** | **Stufe 4** vermengen.

3 | Spargel abgießen, mit Kartoffeln, Radieschen, Mozzarella, Rucola und Dressing in einer Salatschüssel vermengen. Den Salat mit Zitronenmelisse garniert servieren.

>TIPP Um die feinen, langen Hobel herzustellen, eignet sich ein herkömmlicher Sparschäler am besten. Dann den Spargel von der Spitze zum Stielende in Streifen „schälen".

Spargel-Carbonara mit Lachs

00 45 std : min

PRO PORTION: 946 KCAL | 60 G E | 42 G F | 84 G KH

ZUTATEN FÜR 4 PERSONEN

- **1000 g Wasser**
- **400 g weißer Spargel, geschält**
- **400 g grüner Spargel, unteres Drittel geschält**
- **600 g Lachsfilet (ohne Haut), in Würfeln**
- **Salz**
- **Pfeffer**
- **Abrieb und Saft von 2 unbehandelten Limetten**
- **400 g Linguine**
- **3 EL Olivenöl**
- **½ Chilischote, in Ringen**
- **150 g Pecorino, in Stücken**
- **3 Eigelb**
- **1 Prise Muskat**

1 | Wasser in den füllen. Den Spargel der Länge nach mit einem Sparschäler in dünne Streifen hobeln. Den weißen Spargel im tiefen Dampfgaraufsatz verteilen. Dampfgaraufsatz verschlossen aufsetzen und **10 Min.** | garen. Den grünen Spargel zugeben und dann weitere **10 Min.** | garen, Aufheizen abbrechen.

2 | Inzwischen Lachs mit je 2 Prisen Salz und Pfeffer sowie 1–2 EL Limettensaft würzen. Linguine nach Packungsangabe in reichlich kochendem Salzwasser al dente garen. Öl in einer Pfanne erhitzen. Lachs darin bei großer Hitze rundherum goldbraun braten. Chili zugeben und kurz mitbraten. Dampfgaraufsatz vorsichtig abnehmen, warm halten, leeren.

3 | Pecorino im **10 Sek.** | **Stufe 10** zerkleinern. Eigelb, übrigen Limettensaft, 3 Prisen Salz, 1 Prise Pfeffer sowie Muskat zugeben. Die Linguine abgießen, dabei ca. 80 g Garflüssigkeit auffangen und ebenfalls in den geben. Die Mischung **10 Sek.** | **Stufe 3** vermengen, dann direkt mit der tropfnassen Pasta vermengen.

4 | Die Pasta, gebratene Lachswürfel sowie Spargel auf Tellern anrichten und mit der Limettenschale garniert servieren.

>TIPP Pecorino ist ein italienischer Hartkäse – ihr könnt alternativ Parmesan verwenden.

Spargel-Hollandaise-Quiche mit Speck

01 15 std : min

PRO STÜCK: 420 KCAL | 16 G E | 28 G F | 29 G KH

ZZGL. 30 MIN. RUHEZEIT

ZUTATEN FÜR 8 STÜCKE

- **250 g Weizenmehl Type 405**
- **125 g Butter, in Stücken, zzgl. etwas zum Fetten**
- **Salz**
- **4 Eier**
- **Wasser**
- **350 g grüner Spargel, unteres Drittel geschält, in 10 cm langen Stücken**
- **350 g weißer Spargel, geschält, in 10 cm langen Stücken**
- **100 g Emmentaler, in Stücken**
- **100 g Sauce hollandaise (Fertigprodukt)**
- **100 g Schmand**
- **2 EL Zitronensaft**
- **Pfeffer**
- **75 g Speckwürfel**

AUSSERDEM

- **Quicheform (Ø 26 cm)**

1 | Mehl, Butter, ½ TL Salz und 1 Ei im **20 Sek.** | **Stufe 5** verkneten. Teig umfüllen und abgedeckt 30 Min. kalt stellen. spülen.

2 | Reichlich Salzwasser aufkochen, weißen Spargel bei mittlerer Hitze 3 Min. garen. Grünen Spargel zugeben, weitere 2 Min. garen. Abgießen, abschrecken und abtropfen lassen.

3 | Ofen auf 200 °C Ober-/Unterhitze vorheizen. Quicheform mit Butter fetten. Den Teig kurz durchkneten, ausrollen und in die Form legen. Dabei einen Rand bilden. Mit einer Gabel einige Male einstechen. Etwa 20 Min. vorbacken.

4 | Emmentaler in den geben und **5 Sek.** | **Stufe 8** zerkleinern. Mit dem nach unten schieben. Sauce hollandaise, Schmand, übrige Eier, Zitronensaft, je 2 Prisen Salz und Pfeffer zugeben und **10 Sek.** | **Stufe 4** verrühren.

5 | Boden aus dem Ofen nehmen, die grünen und weißen Spargelstangen darauflegen. Guss über den Spargel gießen, Speckwürfel aufstreuen. Quiche weitere 40 Min. backen. Herausnehmen, kurz ruhen lassen, heiß servieren.

RATGEBER

SPARGEL-CHECK

Wie ihr das Königsgemüse lagert, verarbeitet und zubereitet

Spargel kommt bei mir nur noch in den Dampfgarer – das ist so viel einfacher als im Kochtopf!

KANN MAN IHN ROH ESSEN?

Grüner Spargel eignet sich hervorragend für den Rohverzehr. Die zarten Spitzen und der milde Geschmack machen ihn zu einem idealen Snack oder Bestandteil von Salaten. Weißer Spargel wird hingegen gekocht verzehrt, da er in rohem Zustand recht faserig und bitter schmecken kann.

Lust auf mehr Spitzenklasse? Entdeckt unsere Favoriten auf **www.zaubermix.de**

Top-3-Tipps
SPARGEL LAGERN

1. **Im Kühlschrank:** Wickelt die Stangen in ein feuchtes Küchentuch und lagert sie so im Kühlschrank. Weißer Spargel bleibt bis zu 3 Tage frisch, grüner oft sogar etwas länger.
2. **Roh einfrieren:** Am besten blanchiert ihr den Spargel kurz (ca. 2 Minuten in kochendem Wasser) und legt ihn dann in Eiswasser, bevor ihr ihn einfriert. Das erhält den Geschmack und die Struktur.
3. **Gekocht einfrieren:** Gekocht einfrieren ist wirklich nur eine Option für den Notfall, da sich die Textur beim Auftauen deutlich verändert. Gekocht eingefrorener Spargel eignet sich eher für Soßen oder Suppen, wenn wirklich mal zu viel Spargel übrig geblieben ist.

Im Dampfgarer zubereiten

1 kg weißen Spargel
mit 1000 g Wasser
25 Min. |

1 kg grünen Spargel
mit 1000 g Wasser
15 Min. |

Schale ab?

Weißer Spargel wird komplett geschält. Einfach 2 cm unter dem Kopf ansetzen und die Schale mit einem Sparschäler abziehen – vorsichtig, er ist recht empfindlich.

Grüner Spargel ist dagegen pflegeleicht: Nur das untere Drittel schälen, der Rest bleibt dran, denn die zarte Schale ist essbar.

*Der Spargelschäler hobelt mit **ultra-scharfen Klingen** aus Zirkoniakeramik feinste Streifen. Ca. 15 Euro, www.kyocera.de*

Fotos: Ira Leoni (3); Archiv (2); Anna Gieseler (1); Kyocera (1); Adobe Stock/Magneya Photography (1)

EINFACH & GUT.
Schichtsalate

Fotos: Tina Bumann (1); Archiv (1)

Trends treffen auf Nostalgie! Geschichtete Salate sehen einfach klasse aus und bieten viele Möglichkeiten, kreativ zu werden. Wir bereiten den Klassiker und drei neue Variationen zu

Im angesagten Lagen-Look

MEAL PREP

Schichtsalate sind bestens für die Vorbereitung geeignet, denn die Zutaten sind noch nicht miteinander vermischt, sodass sie nicht durchweichen. Daher könnt ihr die Salate ohne Weiteres schon am Vortag oder am Morgen zubereiten und kalt stellen. Praktische Aufbewahrungsdosen findet ihr im **ZauberTopf** Shop.

Schichtsalat – der beste!

00 30 std : min

LOW CARB LOW FAT

PRO PORTION: 561 KCAL | 30 G E | 36 G F | 26 G KH

ZUTATEN FÜR 4 PERSONEN

FÜR DEN SALAT
- **500 g Wasser**
- **4 Eier**
- **200 g Gouda, in Stücken**
- **1 Apfel, in Stücken**
- **150 g Knollensellerie, in Stücken**
- **1 Spritzer Zitronensaft**
- **150 g Kochschinken, gewürfelt**
- **200 g Mais (Dose), abgetropft**
- **1 Stange Porree, in dünnen Ringen**
- **150 g Ananas (Dose), in Stücken**
- **Schnittlauch zum Garnieren**

FÜR DIE SOSSE
- **100 g Joghurt**
- **200 g Miracel Whip**
- **½ TL Salz**
- **2 Prisen Pfeffer**

1 Wasser in den geben. Eier in den Kocheinsatz legen, in den einhängen und **13 Min. | Stufe 1 | 120 °C** garen. Den Kocheinsatz mithilfe des herausheben. Die Eier abschrecken, pellen und abkühlen lassen. spülen.

2 Käse in den geben, **10 Sek. | Stufe 8** reiben. Umfüllen und beiseitestellen.

3 Apfel, Sellerie und Zitronensaft in den geben, mithilfe des **5 Sek. | Stufe 6** zerkleinern und als erste Schicht in eine große Salatschüssel geben.

4 Joghurt, Miracel Whip, Salz sowie Pfeffer in den geben und **30 Sek. | Stufe 4** vermengen.

5 Kochschinken, Mais, die Hälfte der Soße, geviertelte Eier, Porree und Ananas daraufschichten. Mit restlicher Soße und zerkleinertem Käse abschließen. Mit Schnittlauch garniert servieren.

Hotdog-Schichtsalat

00 25 std : min

LOW CARB LOW FAT

PRO PORTION: 812 KCAL | 19 G E | 68 G F | 29 G KH

ZUTATEN FÜR 8 PERSONEN

- **1 Eisbergsalat, in Vierteln**
- **2 Zwiebeln, halbiert**
- **1 EL Butter**
- **250 g Tomatenketchup**
- **1 TL Salz**
- **1 Prise Pfeffer**
- **2 EL Apfelessig**
- **4 Hotdog-Brötchen, in Stücken**
- **400 g Salat-Mayonnaise**
- **500 g Bockwürstchen, in Scheiben**
- **500 g Gurkensalat (Dänischer Art)**
- **150 g geriebener Cheddar**
- **50 g Röstzwiebeln**

1 | Die Eisbergsalat-Viertel in den Mixtopf geben und **8 Sek.** | **Stufe 4** in grobe Stücke zerkleinern, dann umfüllen.

2 | Zwiebeln im Mixtopf **5 Sek.** | **Stufe 8** zerkleinern. Mit dem Spatel nach unten schieben, 1 EL Butter zugeben und **3 Min.** | **Stufe 1** | **120 °C** andünsten. Ketchup, Salz, Pfeffer sowie Apfelessig in den Mixtopf geben und **1 Min.** | **Stufe 2** verrühren.

3 | Hotdog-Brötchenstücke in eine große Salatschüssel geben. Die Hälfte des Eisbergsalats auf die Brötchen-Schicht geben. Mayonnaise, Würstchen, Soße und Gurken abwechselnd einschichten. Mit restlichem Eisbergsalat abschließen und mit Cheddar sowie Röstzwiebeln bestreuen. Bis zum Servieren kalt stellen.

> **TIPP** Die Zutaten für diesen Salat lassen sich alle sehr gut bevorraten, sodass ihr, bis auf den Eisbergsalat, keine frischen Zutaten benötigt. So könnt ihr schon einige Tage im Voraus alles besorgen.

COOLE IDEE!
Wir verwenden die Komponenten des klassischen Hotdogs, um daraus einen echten Show-Stopper fürs Grillbüfett zuzubereiten. Die Basis ist ein großer Eisbergsalat, den wir im Mixtopf zerkleinern, die Hotdog-Brötchen kommen zerzupft als Schicht mit in die Schüssel. Sie ersetzen die Croûtons oder Brotbeilage.

ALLES AJVAR

Wir lieben die intensive Note von Ajvar. Die Gewürzpaste aus gerösteter Paprika verleiht Soßen, Eintöpfen und auch Salatdressings eine tiefe, geschmackvolle Dimension. Da die Würzsoße auch pur zu Gegrilltem oder auf Brot gut schmeckt, werden Reste schnell aufgebraucht!

Spaghettisalat „Djuvec-Style“

00 25
std : min

LOW CARB LOW FAT

PRO PORTION: 1050 KCAL | 40 G E | 44 G F | 117 G KH

ZUTATEN FÜR 4 PERSONEN

- **500 g Dinkel-Spaghetti**
- **20 g Petersilienblättchen zzgl. etwas zum Garnieren**
- **2 Knoblauchzehen**
- **100 g Ajvar**
- **100 g Schmand**
- **50 g Olivenöl**
- **25 g heller Balsamicoessig**
- **2 TL Paprikapulver**
- **1 TL Salz**
- **½ TL Pfeffer**
- **250 g Erbsen (TK), aufgetaut**
- **4 rote Spitzpaprika (à ca. 180 g), halbiert und in Ringen**
- **400 g Hirtenkäse, zerbröselt**

1 | In einem großen Topf reichlich Salzwasser zum Kochen bringen und die Spaghetti al dente garen.

2 | Petersilie mit Knoblauch in den geben, **5 Sek. | Stufe 8** zerkleinern und mit dem nach unten schieben. Ajvar, Schmand, Öl, Essig sowie Gewürze zugeben und **30 Sek. | Stufe 4** vermengen.

3 | Spaghetti abgießen, kalt abschrecken und in einer großen Salatschüssel mit dem Dressing vermengen. Erbsen, Paprika und Hirtenkäse darüberschichten und den Salat bis zum Servieren kalt stellen. Mit Petersilie garniert servieren.

> **TIPP** Dieser Schichtsalat eignet sich hervorragend zur Vorbereitung am Vortag. Die Aromen verbinden sich gut und der Salat schmeckt sogar noch besser, wenn er etwas durchgezogen ist. Der Salat ist, im Kühlschrank gelagert, bis zu 2 Tage haltbar.

Fotos: Maren Eicks (1); Anna Gieseler (1); Archiv (1); stock.adobe.com/Melica (1)

SCHNELLES PESTO

Für den Kartoffelsalat stellen wir ein Kräuterpesto selbst her, das in wenigen Sekunden zubereitet ist. Der Geschmack ist deutlich intensiver als bei den meisten fertigen Produkten. Wer Zeit sparen möchte, kann dennoch ein Pesto aus dem Supermarkt verwenden.

Kartoffel-Schichtsalat Tomate-Mozzarella

00 35 std : min

LOW CARB LOW FAT

PRO PORTION: 532 KCAL | 21 G E | 33 G F | 40 G KH

ZUTATEN FÜR 4 PERSONEN

FÜR DEN SALAT

- ★ **750 g Drillinge, halbiert**
- ★ **2 EL Olivenöl**
- ★ **½ TL edelsüßes Paprikapulver**
- ★ **250 g Mozzarella, in Würfeln**
- ★ **250 g Kirschtomaten, halbiert**
- ★ **50 g Rucola**
- ★ **50 g Pinienkerne**

FÜR DAS PESTO

- ★ **50 g Parmesan, in Stücken**
- ★ **50 g Olivenöl**
- ★ **40 g Basilikumblättchen zzgl. einige zum Garnieren**
- ★ **15 g Pinienkerne**
- ★ **1 Knoblauchzehe**
- ★ **1 TL Salz**
- ★ **½ TL Pfeffer**

1 | Den Backofen auf 200 °C Umluft vorheizen und ein Backblech mit Backpapier belegen. Die Drillinge mit Olivenöl und Paprikapulver vermengen, auf das Blech geben und ca. 25 Min. knusprig backen.

2 | In der Zwischenzeit für das Pesto den Parmesan im **10 Sek. | Stufe 10** zerkleinern. Die übrigen Zutaten für das Pesto zugeben und alles **45 Sek. | Stufe 9** zerkleinern.

3 | Die fertigen Kartoffeln aus dem Ofen nehmen und in eine große Salatschüssel geben. Mozzarella, Tomaten, Pesto, Rucola und Pinienkerne darüberschichten und den Salat bis zum Servieren kalt stellen.

RATGEBER

5 FRAGEN, 5 ANTWORTEN

Ihr habt Fragen zur Verwendung des Monsieur Cuisine? Ob über Instagram, Facebook, YouTube oder **ZauberMix** – stellt sie mir!

Wie gelingen mir Röstaroma bei Fleischgerichten?

Die ideale Zubereitung für Fleisch, das innen zart und außen kräftig angebraten ist: Gare Filets im Dampfgarer vor und gib das zart gegarte Fleisch anschließend noch wenige Minuten in die heiße Pfanne. So erhältst du das perfekte Ergebnis.

Was kann der Messbecher eigentlich noch?

Der Messbecher des Monsieur Cuisine hält Flüssigkeiten im Mixtopf und sorgt dafür, dass nichts herausspritzt. Er fasst genau 100 ml – perfekt zum Abmessen kleiner Mengen. Beim Garen reguliert er den Dampfaustritt und hilft dabei, Aromen optimal zu verbinden. Und er unterstützt dich auch beim Emulgieren durch kontrolliertes Zufügen.

Was kann ich mit übrigem Käse tun?

Beim Kochen mit dem Monsi zerkleinern wir Käse selbst, statt geriebenen zu kaufen. Wir verarbeiten die Raspel zu Soßen, rühren ihn in Gerichte wie Risotto oder gratinieren damit Speisen wie Aufläufe. Am besten zerkleinert das Mixmesser festen Käse in Würfeln von 2 × 2 cm Größe. Käse wie Gouda und Parmesan kannst du einfrieren! Schneide ihn dafür ebenfalls in kleine Würfel, denn diese lassen sich später einzeln entnehmen, um sie im Monsi zu zerkleinern – sogar ohne sie vorher antauen zu lassen!

Kann ich ein Kuchenrezept auch für Muffins nutzen?

Du kannst ein herkömmliches Rührkuchenrezept grundsätzlich auch für Muffins nutzen, aber achte dann darauf, die Backzeit anzupassen – Muffins brauchen meist nur 20–25 Minuten bei 175 °C Ober-/Unterhitze. Falls der Teig sehr feucht ist, kann es helfen, die Temperatur leicht zu erhöhen oder die Muffinförmchen nur zu ¾ zu füllen.

Kann ich gefrorene Früchte für Marmelade verwenden?

Ja, das ist eine super Möglichkeit, auch außerhalb der Saison leckere Marmelade zu kochen. Ich lasse sie immer erst einmal auftauen und verarbeite sie dann wie gewohnt weiter.

Direkt zur Facebook-Gruppe

Kommt in unsere **Facebook-Gruppe** und tauscht euch mit uns und anderen Fans aus!

Fotos: Maren Eicks (1); stock.adobe.com/Melica (1); Marie Luise Paulsen (2); Anna Gieseler (1); Archiv (2); BSH/Désirée Peikert (1)

Saison ERLEBEN

Unsere Neu-Entdeckungen sorgen für Frühlingsstimmung in eurem Zuhause

Schick und stabil

Die können sich sehen lassen! Die Borosilikatglas-Dosen der Kollektion „Forma X" mit Korkdeckeln sind hitzebeständig, sodass sie auch als Koch- und Backhilfe dienen können, wie zum Beispiel zum Erwärmen von Suppen. Mit dabei: Sticker zur individuellen Kennzeichnung. Erhältlich ab Juli, ab 20 Euro, www.leonardo.de

EIN EVERGREEN

Das „Big Green Egg" gehört zu den Statement-Pieces unter den Grills. Der grüne Keramikgrill begeistert seit über 50 Jahren mit außergewöhnlichen Eigenschaften – ihr könnt mit ihm grillen, backen, räuchern und indirekt garen. Alle Modelle und Zubehöre fürs Outdoor-Cooking unter www.biggreenegg.eu

COOLE TEATIME!

Die hochwertigen neuen Tee-Mischungen sind toll zum Verschenken und für Eistee! Ca. 6 Euro, www.dallmayr.de

Hingucker

Das zeitlose kreisrunde Birken-Sperrholz-Tablett „Vera" von Pappelina transportiert während der Outdoor-Saison unsere Leckereien von der Küche zuverlässig ins Grüne. 45 Euro, www.pappelina.com

Fotos: Leonardo (1); Dallmayr (2); Big Green Egg (1); Pappelina (1); Koziol (1); Microplane (3); Tchibo (2)

Aufgeräumt

Picknickzubehör, Bastelsachen oder Schreibtisch-Sammelsurium – in der „Taschelino" von Koziol wirkt sogar die kleine Unordnung wie geplant. Erhältlich in vielen Farben und 2 Größen, ab ca. 15 Euro, www.koziol-shop.de

JETZT GEWINNEN!

ECHT SCHARF!

Wir sind RIESEN Fans der Profi-Reiben von Microplane und nutzen sie seit Jahren. Die „Black Sheep" Reihe im coolen Schwarz mit mattem Finish ist besonders langlebig, reibt mit rasiermesserscharfen Klingen ohne Kraftaufwand und rutscht nicht dank Gummifuß. Ab ca. 50 Euro, www.microplaneintl.com/de

Wir verlosen jetzt zwei 3-teilige Microplane-Sets im Wert von je 150 Euro! Enthalten sind je 1 „Zester", „Zwei-Wege-Schneide" und Reibe „Sehr grob". Teilnahme: www.zaubermix.de/reibe-verlosung

Unser Hör-Tipp für alle Handfilterkaffee-Fans:

Die Folge „Filter! Nicht ohne meinen Filter" aus dem Tchibo Podcast „5 Tassen täglich". Jetzt Kaffee genießen und lauschen!

*Aufgegossen **im Handfilter** entfaltet „Bio Äthiopien" von Tchibo seinen fein-blumigen Geschmack. Im äthiopischen Hochland 100 % ökologisch angebaut, 250 g ca. 6 Euro, www.tchibo.de/bio-kaffee*

Kein Platz fürs Hochbeet? Auf Balkon oder Terrasse ermöglicht „A-Console Table" das Hochstapeln von Kräuter- und Gemüsetöpfen. Die pulverbeschichteten Metallkonsolen eignen sich auch als praktische Sideboards für die Outdoor-Kaffeetafel und als Beistelltisch beim Grillabend für Soßen und Getränke. Schwarz oder hellgrau, ca. 270 Euro, www.zonedenmarkshop.com

Sommer auf dem Tisch

Pastelltöne sind der Inbegriff von Sommerfeeling, denn sie erinnern an unsere Lieblings-Eissorten wie Erdbeere, Pistazie und Brombeere … Daher hat uns die brandneue Geschirrkollektion „Tric" von Thomas Porzellan cool erwischt: Das zeitlose, schlichte Design von Tellern, Bowls, Bechern und Tassen lässt sich nach Lust und Laune miteinander und auch mit anderen Stücken kombinieren und sieht dabei immer traumhaft leicht aus. Übrigens: perfekt stapelbar. Teller mit 27 cm Ø ab ca. 18 Euro. Alle weiteren Infos findet ihr unter www.thomas-porzellan.de

JETZT GEWINNEN!

VERLOSUNG VON 3 GESCHIRR-SETS!

Damit der Sommer auch auf eurem Esstisch einzieht, verlosen wir drei 12-teilige Frühstückgarnituren aus Teller, Tasse und Untertasse im Wert von je rund 135 Euro. Unsere GewinnerInnen können aus den Farben selbst wählen. Teilnahme unter www.zaubermix.de/thomas-verlosung

Lust auf lecker!

NATÜRLICH AROMATISCH

Diese Sirups können mehr als Cocktails! Wusstet ihr, dass der französische Hersteller Monin über 150 verschiedene Sorten des intensiven Sirups im Sortiment hat? Wir versüßen uns damit nicht nur Getränke, sondern verfeinern Dressings, Dips, Kuchen und Glasuren, Marinaden und mehr mit den feinen Tropfen. Das Besondere: Farben und Aromen sind natürlich und für eure Kreationen braucht ihr nur wenig, denn sie sind sehr ergiebig. Unbedingt probieren: „Orange Spritz"! 0,25 l ca. 4 Euro, www.monin-deutschland.de

GLASKLAR

Besonders filigran: Glasbecher „Torino“ mit roséfarbenen Henkeln. Passend zum 2er-Set (ca. 20 Euro) gibt's gläserne Strohhalme im 4er-Set (ca. 6 Euro). Zum Beispiel unter www.nordicnest.de

Heiß, gekühlt oder sprudelnd *direkt aus dem Hahn: Möglich macht's der „Quooker“. Hier die neue „Fusion“-Reihe mit eleganter Messing-Patina. Ca. 1.900 Euro, www.quooker.de*

Salatgenuss *im Sommer*

Für geschmackvolles Kochen aus besten Zutaten mit exzellenten Aromen – direkt aus der Heimat!

Spezialitäten vom Feinsten

Die norddeutsche Manufaktur Edelschmaus ist bekannt für hochwertige Gewürzmischungen und Basiszutaten für geschmackvolles Kochen und genussvolles Essen. Das große Sortiment besteht aus wertvollen Produkten, die mit exklusiven Zutaten von hoher Qualität hergestellt werden. Mit so einer Ausstattung im Gewürzregal wird jeder Tag zum Kocherlebnis!

Geschmackswunder Salat!

Die „Sanfte Traube“ ist der Hit unter den Essigzubereitungen von Edelschmaus. Mit fruchtig-feinem Trauben-Aroma und feiner Weißweinessignote verleiht die „Sanfte Traube“ allen Blatt- und Gemüse- sowie Obstsalaten einen runden Geschmack. Schmeckt auch eure selbst gekochten Pasta- oder Grillsoßen mit der Essigzubereitung ab! Die „Sanfte Traube“ sowie viele weitere Genuss-Geschenke gibt's direkt bei den Vertriebspartnern oder im Onlineshop.

Verkostungstipp: Wer Interesse hat, kann die Köstlichkeiten von Edelschmaus zu Hause kennenlernen und sich mit Freunden oder Verwandten auf genüssliche Erlebnisreise für die Sinne machen. Ladet ein und probiert euch durch das Sortiment der Gewürze, Öle und Essige! Als Gastgebende erhaltet ihr hochwertige Gastgeschenke. www.edelschmaus.com

Kochen mit Herz

Fotos: Thomas Porzellan (5); Zone Denmark (1); Anna Gieseler (1); Monin Deutschland (1); Lyngby Glas (1); Quooker (1); Edelschmaus (4); Ira Leoni (1)

ERDBEER *Zauber*

In leuchtendem Rot ziehen sie auf dem Wochenmarkt jetzt alle Blicke auf sich – einfach unwiderstehlich! Was darf's also als Erstes sein: ein erfrischendes Eis, ein saftiger Erdbeerkuchen oder ein kühles Getränk?

Erdbeer-Stracciatella-Kuchen
Rezept siehe Seite 28

NATUR PUR

Künstliche Aromen kommen uns nicht in die Waffeltüte! Mit gerade einmal vier Zutaten zaubert der Monsi das cremigste Eis. Gefrorene Erdbeeren bilden die Basis und sorgen für den direkten Eisspaß – auch ohne Einfrieren.

Cremiges Erdbeereis
Rezept siehe Seite 32

FIX

COOLE FRÜCHTCHEN
für heiße Tage

Fotos: Maren Eicks (1); Désirée Peikert (1)

Erdbeer-Stracciatella-Kuchen

01 00 std : min

LOW CARB LOW FAT

PRO STÜCK: 536 KCAL | 8 G E | 32 G F | 54 G KH

ZZGL. 30 MIN. RUHEZEIT

ZUTATEN FÜR 16 STÜCKE

FÜR DEN BODEN
- ★ **250 g Butter**
- ★ **180 g Zucker**
- ★ **20 g selbst gemachter Vanillezucker**
- ★ **4 Eier**
- ★ **250 g Weizenmehl Type 405**
- ★ **30 g Stärke**
- ★ **20 g Backkakao**
- ★ **1½ TL Backpulver**

FÜR DIE BANANENSCHICHT
- ★ **4–5 Bananen, in Scheiben**
- ★ **3 EL Zitronensaft**

FÜR DIE STRACCIATELLACREME
- ★ **600 g Sahne**
- ★ **3 Pck. Sahnesteif**
- ★ **250 g Magerquark**
- ★ **200 g Schmand**
- ★ **90 g Puderzucker**
- ★ **80 g Zartbitter-Raspelschokolade**

FÜR DIE ERDBEERSCHICHT
- ★ **800 g Erdbeeren, geviertelt**
- ★ **250 g Fruchtsaft (z. B. weißer oder roter Traubensaft)**
- ★ **250 g Wasser**
- ★ **40 g Stärke**
- ★ **40 g Zucker**

AUSSERDEM
- ★ **Backrahmen (34×26 cm)**

1 | Den Backofen auf 180 °C Ober-/Unterhitze vorheizen. Ein Backblech mit Backpapier belegen und den Backrahmen daraufstellen.

2 | Für den Boden Butter mit Zucker sowie Vanillezucker in den geben und **2 Min. | Stufe 4** schaumig schlagen. Dabei die Eier nacheinander durch die Deckelöffnung geben. Mehl, Stärke, Kakaopulver sowie Backpulver zufügen und **20 Sek. | Stufe 4** unter die Masse heben. Auf das Backblech streichen und im heißen Ofen ca. 20 Min. backen. Den spülen.

3 | Den Kuchen aus dem Ofen nehmen und auskühlen lassen. Die Bananen mit etwas Zitronensaft beträufeln. Die Bananenscheiben gleichmäßig auf dem Boden verteilen.

4 | Für die Sahneschicht den Rühraufsatz einsetzen. Sahne mit Sahnesteif in den geben und ohne Zeiteinstellung **Stufe 4** unter Sichtkontakt steif schlagen. Quark und Schmand mit dem Puderzucker in einer Schüssel glatt rühren und anschließend Sahne sowie Raspelschokolade vorsichtig unterheben. Die fertige Stracciatellacreme auf der Bananenschicht verteilen und glatt streichen. Den spülen.

5 | Für den Kuchenbelag die Erdbeeren auf der Stracciatellacreme verteilen. Fruchtsaft mit Wasser, Stärke sowie Zucker in den geben und **5 Sek. | Stufe 5** vermischen. **7 Min. | Stufe 2 | 100 °C** aufkochen.

6 | Den Guss kurz abkühlen lassen, dann löffelweise über den Erdbeeren verteilen. Den Kuchen etwa 30 Min. kalt stellen. Anschließend den Backrahmen entfernen und den Kuchen in Stücke geschnitten servieren.

>TORTENGUSS OHNE TÜTE Im Supermarkt-Tütchen stecken oft mehr Zusatzstoffe, als es braucht. Den Tortenguss bereiten wir daher mit nur vier simplen Zutaten ganz einfach selbst zu – ganz ohne Schnickschnack, dafür mit vollem Geschmack.

Erdbeerbowle mit Lillet

00 10 std : min

LOW CARB LOW FAT

PRO GLAS: 144 KCAL | 1 G E | 0 G F | 9 G KH

ZZGL. 10 MIN. RUHEZEIT

ZUTATEN FÜR 6 GLÄSER À 200 ML

- ★ **350 g Erdbeeren (TK)**
- ★ **250 g Eiswürfel**
- ★ **200 g „Lillet Blanc", gekühlt**
- ★ **200 g Tonicwater**
- ★ **500 g Sekt**
- ★ **Minze zum Garnieren**
- ★ **frische Erdbeeren zum Garnieren**

1 | Die Erdbeeren ca. 10 Min. antauen lassen. Dann mit den Eiswürfeln in den geben und **20 Sek. | Stufe 8** zerkleinern. Lillet zugeben und erneut **20 Sek. | Stufe 8** mixen.

2 | Die Mischung auf 6 Gläser verteilen, mit Tonic und Sekt aufgießen und mit Minze und frischen Erdbeeren garniert servieren.

MIT GRÜN DRAN

Wascht Erdbeeren immer mit ihren Blättchen. Denn so bleibt ihr volles Aroma erhalten und sie saugen sich nicht mit Wasser voll. Einfach kurz unter sanftem, kaltem Wasser abspülen, dann wie gewohnt weiterverarbeiten.

BOWLE UND CO.

Gecrushtes Eis ist für den Monsieur ein Leichtes! Bis zu 650 g Eiswürfel zerkleinert er in Sekunden zu feinsten Eiskristallen. So habt ihr bei spontaner Lust auf Bowle und Co. immer die perfekte Basis für eure Drinks!

PRICKELND SPRITZIG & *einfach köstlich!*

Fotos: Maren Eicks (2); Adobe Stock / manaemedia (1)

Vivien Chefredakteurin

Mich machen Erdbeeren glücklich. Daher habe ich ein kleines Erdbeerbeet angelegt, in dem ich zur Saison alle paar Tage ernten kann.

Erdbeertraum

00 | 25
std : min

PRO PORTION: 665 KCAL | 14 G E | 45 G F | 52 G KH

ZUTATEN FÜR 4 PERSONEN

- ★ 500 g Erdbeeren, geviertelt
- ★ 65 g Puderzucker
- ★ 1 EL Zitronensaft
- ★ 200 g Sahne
- ★ 250 g Mascarpone
- ★ 250 g Quark
- ★ Abrieb von 1 unbehandelten Zitrone
- ★ 20 kleine Baisers, in Stücken
- ★ Minzblätter zum Garnieren

1 | Erdbeeren, 15 g Puderzucker und Zitronensaft in einer Schüssel gut vermengen. Den Rühraufsatz einsetzen. Sahne in den Mixtopf geben und ohne Zeiteinstellung auf **Stufe 4** unter Sichtkontakt steif schlagen. Den Rühraufsatz entnehmen.

2 | Mascarpone, Quark, restlichen Puderzucker und Zitronenabrieb zugeben, **20 Sek.** | **Stufe 3** glatt rühren. Sahne mit dem Spatel unterheben. Baiser, Creme und Erdbeeren abwechselnd in Gläser schichten, mit Minzblättern garnieren und servieren.

EXTRA FLUFFIG

Dieses Dessert lebt von seiner leichten, luftigen Textur. Wir vermischen einen seidig gerührten Mix aus Mascarpone, Quark und Puderzucker, unter den wir frische, steif geschlagene Sahne heben. So lecker!

SCHICHT FÜR SCHICHT IN DEN *siebten Himmel!*

Fotos: Maren Eicks (1); Archiv (1)

Cremiges Erdbeereis

00 10 std : min

PRO PORTION: 194 KCAL | 2 G E | 8 G F | 28 G KH

ZUTATEN FÜR 4 PERSONEN

- ★ **75 g Zucker**
- ★ **350 g Erdbeeren (TK)**
- ★ **100 g Sahne**
- ★ **frische Erdbeeren zum Garnieren**

1 Zucker in den geben und **20 Sek. | Stufe 10** pulverisieren. Die gefrorenen Erdbeeren zugeben und alles **20 Sek. | Stufe 10** pürieren.

2 Den Rühraufsatz einsetzen und Sahne in den geben. Alles **30 Sek. | Stufe 4** vermengen. Das Eis portionieren und sofort mit Erdbeeren garniert servieren.

>TIPP Falls sich die gefrorenen Erdbeeren noch nicht trennen lassen, lasst sie kurz antauen. Einzeln kann das Mixmesser sie besser erfassen und zu einer homogenen Masse verarbeiten.

Erdbeer-Frappuccino

00 15 std : min

PRO GLAS: 163 KCAL | 4 G E | 4 G F | 27 G KH

ZZGL. 30 MIN. RUHEZEIT

ZUTATEN FÜR 2 GLÄSER À 350 ML

FÜR DIE ERDBEERSOSSE
- ★ **200 g Erdbeeren**
- ★ **25 g Zucker**
- ★ **1 TL selbst gemachter Vanillezucker**
- ★ **20 g Zitronensaft**

FÜR DEN FRAPPUCCINO
- ★ **200 g Eiswürfel**
- ★ **200 g Milch**
- ★ **150 g gekochter Kaffee, abgekühlt**
- ★ **Schlagsahne zum Garnieren**

1 Die Erdbeeren mit Zucker, Vanillezucker und Zitronensaft vermengen und 30 Min. ziehen lassen. In den geben und **10 Sek. | Stufe 8** fein pürieren, anschließend durch ein Sieb streichen und kalt stellen.

2 Für den Frappuccino Eiswürfel, Milch sowie Kaffee in den geben und **30 Sek. | Stufe 8** mixen. Dann **10 Sek. | Stufe 8** weitermixen.

3 Die Erdbeersoße, bis auf 4 EL zum Garnieren, auf 2 Gläser verteilen, anschließend den Frappuccino in die Gläser füllen, mit Schlagsahne und der restlichen Erdbeersoße toppen und servieren.

ERNTEFRISCH VERSÜSSEN SIE *den Sommeranfang!*

MINI-SERIE

Basics, die wir lieben

Diese Ideen veredeln jedes Dessert und Gebäck. Sie sind einfach und ohne Fertigprodukte im Mousi gemacht

Nicole Online-Redakteurin

DIESES MAL: ERDBEER-EXTRAS

Erdbeer-Schlagsahne

Für 500 g: Den Rühraufsatz einsetzen. 300 g Sahne mit 1 Pck. Sahnesteif und 2 EL selbst gemachtem Vanillezucker in den gekühlten [Mixtopf] geben, auf **Stufe 4** ohne Zeiteinstellung steif schlagen, dabei Sichtkontakt halten. Die Sahne umfüllen und kalt stellen. Den Rühraufsatz entnehmen und den [Mixtopf] kurz ausspülen. 200 g Erdbeeren in den [Mixtopf] geben und **10 Sek. | Stufe 6** pürieren. Das Erdbeerpüree mit dem [Spatel] unter die Sahne heben.

>**HALTBARKEIT** Die Sahne lässt sich gut im Kühlschrank aufbewahren und sollte innerhalb der nächsten 2 Tage verbraucht werden.

>**VERWENDUNG** Diese Erdbeer-Schlagsahne ist ein echter Sommerhit. Sie eignet sich, um frische Früchte – auch Erdbeeren – direkt darin zu dippen und zu vernaschen. Serviert sie zu Gebäck wie Kuchen und Waffeln oder verwendet die Sahne als Füllung von Biskuitrollen oder als cremige Schicht in Desserts. Geheimtipp: Probiert sie als Topping eines Milchshakes – einfach unwiderstehlich lecker!

Haltbare Erdbeersoße

Für 3 Gläser (à 300 ml): 1000 g Erdbeeren im [Mixtopf] mithilfe des [Spatel] **15 Sek. | Stufe 6** zerkleinern. 150 g Zucker, 1 TL selbst gemachten Vanillezucker und 20 g Zitronensaft zufügen und **15 Min. | Stufe 2 | 100°C** kochen lassen, den Kocheinsatz als Spritzschutz aufsetzen. Messbecher einsetzen und **10 Sek. | Stufe 6** pürieren. Die fertige Soße in sterilisierte Gläser füllen und mit einem passenden Deckel fest verschließen. Die Gläser auf den Deckel stellen und abkühlen lassen.

>**HALTBARKEIT** An einem kühlen und dunklen Ort hält sich die Erdbeersoße 3 Monate. Nach dem Öffnen im Kühlschrank aufbewahren und innerhalb von zwei Wochen verbrauchen.

>**VERWENDUNG** Diese fruchtige Erdbeersoße zaubert Sommerfeeling auf jedes Dessert! Toppt damit Pfannkuchen, Waffeln, Quarkspeisen und Käsekuchen. Auch in Smoothies oder Shakes sowie auf Joghurt sorgt sie für das gewisse Etwas. Und zu Vanilleeis oder Pannacotta ist sie der perfekte fruchtige Abschluss.

Erdbeerzucker

Für ca. 300 g: 100 g Zucker, 20 g gefriergetrocknete Erdbeeren und 1 EL selbst gemachten Vanillezucker in den [Mixtopf] geben und **1 Min. | Stufe 10** pulverisieren. Dann weitere 200 g Zucker zufügen und **5 Sek. | Stufe 4** vermengen. Anschließend den Erdbeerzucker in ein Schraubglas umfüllen.

>**HALTBARKEIT** Kühl, trocken und dunkel gelagert hält der Zucker 6–12 Monate. Wichtig ist hierbei, dass das Glas immer fest verschlossen ist.

>**VERWENDUNG** Der Erdbeerzucker verleiht Rührteigen für Muffins und Kastenkuchen oder Biskuits eine zarte Erdbeer-Note. Ersetzt dafür 2–3 EL des herkömmlichen Zuckers durch den Erdbeermix. Der Zucker schmeckt zudem in Joghurt und Porridge, auf Milchreis oder Grießbrei und verleiht Getränken wie Limo oder Cocktails das gewisse Etwas. Bei Letzteren ist er ein Hingucker als Zuckerrand. Dafür den Rand der Gläser mit Zitronensaft befeuchten und dann in den Zucker tauchen.

Fotos: Maren Eicks (1); Désirée Peikert (1); Anna Gieseler (3); Archiv (1)

ALL IN ONE

Reise um die Welt

Mit dem Monsieur Cuisine einmal um den Globus – von Indiens Gewürzmärkten bis zu Mexikos feurigen Aromen. Holt euch die Welt auf den Teller – ganz ohne Flugticket, dafür mit einer Prise Fernweh

Ich habe gerade eine Asienreise hinter mir, da versetzen mich die Asia-Maultaschen direkt zurück ins Urlaubsfeeling. Ich kann sie sehr empfehlen!

Schwabenländle meets Bangkok

Fotos: Tina Bumann (1); Archiv (1)

Vera Rezeptentwicklerin

Asia-Maultaschen

00 35 std : min

LOW CARB LOW FAT

PRO PORTION: 914 KCAL | 30 G E | 59 G F | 58 G KH

ZUTATEN FÜR 4 PERSONEN

- 1 Knoblauchzehe
- 2 cm Ingwer
- 3 Frühlingszwiebeln, in Ringen
- 2 EL Öl
- 30 g rote Currypaste
- 400 g Kokosmilch (Dose)
- 300 g Wasser zzgl. 3 EL
- 30 g Sojasoße
- 2 Pck. vegetarische Maultaschen (à 360 g)
- 250 g Brokkoli (TK), in Röschen
- 150 g Erbsen (TK)
- 1 rote Paprikaschote, in Stücken
- 2 TL Stärke
- Koriander zum Garnieren

1 Knoblauch mit Ingwer in den geben, **3 Sek. | Stufe 8** zerkleinern und mit dem nach unten schieben. Weißen Teil der Frühlingszwiebeln, Öl sowie Currypaste zufügen und **2 Min. | Stufe 1 | 120°C** andünsten. Kokosmilch, 300 g Wasser und Sojasoße zugeben.

2 Die Maultaschen im tiefen Dampfgaraufsatz verteilen. Geschlossen aufsetzen und die Zutaten **15 Min. | Stufe 1 | 120°C** garen. Brokkoli, Erbsen und Paprika auf dem flachen Dampfgaraufsatz verteilen, **5 Min. | Stufe 1 | 120°C** mitgaren.

3 Den Dampfgaraufsatz abnehmen und beiseitestellen. Stärke mit 3 EL Wasser glatt rühren, durch die Deckelöffnung geben und **5 Sek. | Stufe 5** vermengen. Gemüse und Maultaschen in den geben und vermengen. Auf Tellern anrichten und mit dem grünem Teil der Frühlingszwiebeln sowie Koriander garniert servieren.

Hackbällchen „Mexicana“

00 55
std : min

LOW CARB LOW FAT

PRO PORTION: 707 KCAL | 34 G E | 51 G F | 30 G KH

ZUTATEN FÜR 4 PERSONEN

FÜR DIE HACKBÄLLCHEN
- 60 g Nachos zzgl. einige zum Servieren
- 500 g Rinderhackfleisch
- 1 Ei
- 2 TL rosenscharfes Paprikapulver
- Salz
- Pfeffer
- 1000 g Wasser
- 2 TL Gemüse-Gewürzpaste

WÜRZ-TRICK

Die Hackbällchen bekommen durch die Nachos in der Masse einen besonderen Aromakick! Wir zerkleinern für mehr Würze eine Portion Nachos und heben sie unter das Hackfleisch. Die Chips verleihen den Hackbällchen zudem einen Crunch-Effekt.

FÜR DIE SOSSE
- 1 Zwiebel, halbiert
- 2 Knoblauchzehen
- 1 Chilischote, in Stücken
- 3 Paprikaschoten (rot, gelb, grün), in Stücken
- 30 g Öl
- 50 g Tomatenmark
- 250 g Sahne
- 265 g Mais-Mexiko-Mix (Dose), abgetropft
- 1 EL Stärke

1 Für die Hackbällchen Nachos in den geben, **5 Sek.** | **Stufe 10** mahlen. Mit dem nach unten schieben. Hackfleisch, Ei, Paprikapulver, 1 ½ TL Salz sowie 3 Prisen Pfeffer zugeben und **30 Sek.** | vermengen. Aus der Masse 12 Bällchen formen und auf den flachen Dampfgaraufsatz legen. Den spülen.

2 Wasser mit Gewürzpaste in den füllen. Den Dampfgaraufsatz aufsetzen und die Hackbällchen **20 Min.** | dämpfen. Dampfgaraufsatz absetzen. Den leeren und dabei 150 g Garflüssigkeit auffangen.

3 Für die Soße Zwiebel, Knoblauch sowie Chili in den geben, **5 Sek.** | **Stufe 8** zerkleinern und mit dem nach unten schieben. Paprika, Öl sowie Tomatenmark zufügen und alles **2 Min.** | andünsten.

4 Garflüssigkeit, Sahne, Mais, ½ TL Salz und 2 Prisen Pfeffer in den geben, **5 Min.** | | **Stufe 1** | **100 °C** erwärmen, den Kocheinsatz als Spritzschutz aufsetzen. Stärke mit 3 EL Wasser glatt rühren und zugeben. Dann weitere **2 Min.** | | **Stufe 1** | **100 °C** köcheln. Hackbällchen und Soße auf Tellern anrichten und mit Nachos servieren. Nach Belieben mit Petersilie garnieren.

Fotos: Tina Bumann (2); Archiv (1)

Vegetarisches Butter Chicken mit Tofu

00 45 std : min

LOW CARB LOW FAT

PRO PORTION: 691 KCAL | 26 G E | 38 G F | 57 G KH

ZUTATEN FÜR 4 PERSONEN

* 250 g Parboiled Reis
* 1500 g Wasser
* 400 g Räuchertofu, in Würfeln
* ½ TL Salz
* 3 Prisen Pfeffer
* 3 EL Garam Masala
* 2 Knoblauchzehen
* 2 cm Ingwer
* 30 g Butter
* 50 g Tomatenmark
* 400 g Kokosmilch (Dose)
* 50 g Joghurt
* 2 TL gelbe Currypaste
* 2 TL Stärke
* Koriander zum Garnieren

1 | Reis in den Kocheinsatz einwiegen und unter fließendem Wasser abspülen. Kocheinsatz in den Mixtopf einsetzen, Wasser zugeben und mit dem Spatel umrühren. Tofuwürfel im tiefen Dampfgaraufsatz verteilen und mit Salz, Pfeffer sowie 1 EL Garam Masala würzen. Den Dampfgaraufsatz verschließen und **20 Min.** | Varoma garen.

2 | Den Dampfgaraufsatz absetzen. Den Kocheinsatz mithilfe des Spatels entnehmen und warm halten. Mixtopf leeren und dabei 50 g Garflüssigkeit auffangen.

3 | Knoblauch mit Ingwer in den Mixtopf geben und **5 Sek.** | **Stufe 8** zerkleinern. Mit dem Spatel nach unten schieben. Butter und Tomatenmark zugeben, **3 Min.** | **Stufe 1** | **100 °C** andünsten.

4 | Garflüssigkeit, Kokosmilch, Joghurt, Currypaste, 2 EL Garam Masala sowie Stärke in den Mixtopf geben und **5 Sek.** | **Stufe 5** vermengen, dann **5 Min.** | **Stufe 2** | **100 °C** aufkochen. Tofu zur Soße geben, mit dem Spatel vermengen. Mit Reis auf Tellern anrichten und mit Koriander garniert servieren.

BUTTER-CHICKEN-TREND

Das indische Gericht ist international ein echter Hit und macht auch hierzulande Genießer glücklich. Für die Veggie-Variante haben wir den Klassiker mit Tofu zubereitet. Wichtig: Räuchertofu hat eine gute Grundwürze, mit Garam Masala kombiniert wird's genauso gut wie das Original. Garantiert!

Entspannt genießen wie in Bella Italia

RUNDUM GUT

Beim Kochen in , Garkorb und Dampfgarer holen wir das Beste aus jeder Zutat heraus. Die Garflüssigkeit, die beim Dämpfen von Fleisch und Gemüse entsteht, bildet die Grundlage für eine cremige Tomatensoße. Denkt daher daran, mindestens 200 g der selbst gewonnenen Brühe aufzufangen. Diese wird später mit Gewürzen, Tomaten, Tomatenmark und Crème fraîche verfeinert.

Fotos: Tina Bumann (1); Archiv (1)

Italienischer Zucchinitopf mit Hackbällchen

00 50 std : min

LOW CARB LOW FAT

PRO PORTION: 593 KCAL | 32 G E | 43 G F | 22 G KH

ZUTATEN FÜR 4 PERSONEN

FÜR DIE HACKBÄLLCHEN UND ZUCCHINI

- **500 g gemischtes Hack**
- **50 g Paniermehl**
- **1 Ei**
- **2 TL edelsüßes Paprikapulver**
- **Salz**
- **Pfeffer**
- **1000 g Wasser**
- **2 TL Gemüse-Gewürzpaste**
- **500 g Zucchini, in Scheiben**

FÜR DIE SOSSE

- **1 Zwiebel, halbiert**
- **1 Knoblauchzehe**
- **20 g Öl**
- **2 EL Tomatenmark**
- **500 g passierte Tomaten**
- **200 g Crème fraîche**
- **2 TL getrocknete italienische Kräuter**
- **1 Prise Muskat**
- **Basilikum zum Garnieren**

1 Für die Hackbällchen Hackfleisch mit dem Paniermehl, Ei, Paprikapulver, 1 TL Salz sowie ½ TL Pfeffer in den geben und **30 Sek.** | vermengen. Aus der Masse 12 Bällchen formen und im Dampfgaraufsatz verteilen. Den spülen.

2 Wasser und Gewürzpaste in den geben. Zucchini auf dem flachen Dampfgaraufsatz verteilen, mit Salz und Pfeffer würzen. Dampfgaraufsatz aufsetzen, **20 Min.** | garen. Den Dampfgaraufsatz absetzen. Den leeren und dabei die Garflüssigkeit auffangen.

3 Für die Soße Zwiebel mit Knoblauch in den geben und **5 Sek.** | **Stufe 8** zerkleinern. Das Öl zufügen und **3 Min.** | | **Stufe 1** | **120 °C** andünsten. Dann 200 g Garflüssigkeit, Tomatenmark, passierte Tomaten, Crème fraîche, Kräuter, 1 TL Salz, 3 Prisen Pfeffer sowie Muskat zugeben und **7 Min.** | | **Stufe 1** | **95 °C** erhitzen. Dabei den Kocheinsatz als Spritzschutz aufsetzen.

4 Hackbällchen und Zucchini zur Soße geben, mit dem vermengen. Auf Tellern anrichten und mit Basilikum garniert servieren.

Mit skandinavischem Frischekick

Fotos: Tina Bumann (1); Anna Gieseler (1); Archiv (2)

Schwedischer Milchreis mit Joghurt und Blaubeeren

00 45 std : min

LOW CARB LOW FAT

PRO PORTION: 476 KCAL | 16 G E | 8 G F | 85 G KH

ZUTATEN FÜR 4 PERSONEN

- 1000 g Milch
- 250 g Milchreis
- 50 g Zucker
- Abrieb und Saft von ½ unbehandelten Zitrone
- 1 TL Vanilleextrakt
- 1 Prise Salz
- 300 g Joghurt
- 250 g Blaubeeren

Alle Zutaten, bis auf Joghurt und Blaubeeren, in den Topf geben und **40 Min.** | ↺ | **Stufe 1** | **95 °C** garen. Den Milchreis 5 Min. ruhen lassen. Joghurt unterheben und den Milchreis mit Blaubeeren garniert servieren.

KLASSIKER REFRESHED

Milchreis im Monsi – so einfach wie lecker und ein echter Klassiker. Dafür lieben wir den Zaubertopf: ohne Rühren, ohne Anbrennen, einfach nur pure Cremigkeit. Nach dem Kochen verpassen wir diesem Milchreis noch eine neue Nuance durch Joghurt – so schmeckt er an heißen Sommertagen schön sahnig. Die Blaubeeren verpassen der Milchspeise das nordische Finish.

„Die Mitgliedschaft für unseren Club kostet 4,99 Euro im Monat. Manche wundern sich darüber, wissen dann aber vermutlich nicht, wie viele Menschen – tatsächlich 95 % Frauen – bei **ZauberMix** täglich daran arbeiten, dass so viele schöne Ideen und Produkte entstehen. 4,99 Euro sind weniger als ein Latte macchiato vom Bäcker, den wir alle immer schnell kaufen und dabei nicht wirklich lang etwas davon haben. Ich finde, wenn du für das Kochen in deinem Zuhause verantwortlich bist und weißt, dass die Mitgliedschaft dir Zeit spart, Freude bereitet und dich motiviert, mehr Frisches zu kochen, kannst du sie dir auch wirklich gönnen."

MEHR SPASS *mit dem Monsi!*

Wer einen Monsieur Cuisine besitzt, kann sich sicher sein: Mit **ZauberMix** geht der Spaß erst richtig los. Denn hier trifft sich die Community, hier gibt's jeden Tag neue Inspirationen und noch so viel mehr, damit das Leben einfacher und leckerer wird

Genießt das volle Programm!

Das Club-Portal mit App – dem Club für die Hosentasche

So geht's: Meldet euch zunächst ganz bequem auf unserer Website unter www.zaubermix.de an. Seid ihr registriert, ladet euch im zweiten Schritt noch die **ZauberMix** App aus dem App-Store aufs Handy. Hier meldet ihr euch dann direkt mit denselben Zugangsdaten an – ganz easy. Mit der App habt ihr auch unterwegs immer Zugang zum Club.

monsieur cuisine

Jetzt 31 Tage kostenlos testen

5 GUTE GRÜNDE

Warum es sich lohnt, Club-Mitglied zu sein

1. Rezeptnachschub garantiert! *Im **ZauberMix** Club kommen jeden Tag mindestens zwei neue schnelle und einfache Rezepte für den Monsi hinzu. Zudem findet ihr hier sämtliche Rezepte, die wir jemals auf Instagram oder YouTube veröffentlicht haben, an einem Ort. So praktisch!*

2. Wochenplan-Service: *Ihr findet hier viele Wochenpläne zu den Themen „In 25 Minuten vorbereitet", „Low Carb", „Für Familien und Kinder", „Vegetarisch und vegan" und „Was Isy kocht".*

3. News, News, News! *Ob Neues zum Monsi oder spannendes Trend-Produkt – wir halten euch über wichtige Neuheiten mit tagesaktuellen Meldungen auf dem Laufenden.*

4. Feiert eure Erfolge mit uns! *Das macht wirklich Spaß: Ladet eure eigenen Fotos und Ideen hoch und teilt das Feedback eurer Liebsten oder der Kolleg*innen mit uns und der Community. Denn das Schönste ist doch, wenn die selbst gemachte Leckerei gut aussieht, gut schmeckt und dann auch noch richtig gut ankommt!*

5. Stetige Updates! *2025 ist ein Jahr voller Neuerungen. In den nächsten Wochen kommen viele zusätzliche Funktionen hinzu – mit dabei: mehr Videospaß, mehr Austausch, mehr individuelle Ideen für individuelle Geschmäcker …*

Nur hier: immer neuer Lesestoff

Wusstet ihr eigentlich: Jedes Kochbuch, das wir bis zum heutigen Tag veröffentlicht haben, findet ihr im **ZauberMix** Club. Als Mitglieder könnt ihr jederzeit auf das große Kochbucharchiv zugreifen – mit einem Wert von weit über 100 Euro. Und es kommen jedes Jahr neue Bücher dazu. Das ist natürlich noch längst nicht alles: Sogar jede neue Magazin-Ausgabe lesen Community-Mitglieder als Erste. Das sind jedes Jahr 6 reguläre Ausgaben wie diese, 2 Sonderhefte und 1 Spezial-Ausgabe im Gesamtwert von jährlich nochmals 72 Euro. Ihr findet sie immer direkt im Reader!

Service 24/7 – wir sind für euch da bei Fragen und Wünschen!

Wusstet ihr, dass ihr zu jedem Rezept eure Fragen stellen könnt und unsere Expertinnen aus der Rezeptentwicklung euch stets mit Antworten, Tipps und Ideen zur Verfügung stehen? So stellen wir bei **ZauberMix** sicher, dass ihr jede Herausforderung im Alltag meistert.

Hier geht's direkt zum Club:
WWW.ZAUBERMIX.DE

Fotos: Anna Gieseler (1); Adobe Stock / Uros (1); Archiv (2)

EXPRESSKÜCHE

Gurkenzeit

Erfrischend, überraschend, schnell und superlecker. Das Trendgemüse Gurke kommt diesen Sommer groß raus!

15 MINUTEN

Knuspriger Gnocchi-Gurken-Salat mit Joghurtdressing

LOW CARB LOW FAT

PRO PORTION: 463 KCAL | 12 G E | 23 G F | 50 G KH

ZUTATEN FÜR 4 PERSONEN

FÜR DEN SALAT

- **50 g Parmesan, in Stücken**
- **2 EL Olivenöl**
- **600 g Gnocchi (Kühlregal)**
- **1 Salatgurke, in Scheiben**
- **150 g Kirschtomaten, halbiert**
- **30 g Rucola**

FÜR DAS DRESSING

- **1 Knoblauchzehe**
- **200 g Joghurt**
- **150 g Crème fraîche**
- **20 g heller Balsamicoessig**
- **1 TL mittelscharfer Senf**
- **1 TL Honig**
- **1 TL getrocknete italienische Kräuter**
- **1 TL Salz**
- **2 Prisen Pfeffer**

1 Den Parmesan im **10 Sek. | Stufe 10** zerkleinern. Umfüllen und zum Garnieren beiseitestellen.

2 Öl in einer großen Pfanne erhitzen und die Gnocchi bei mittlerer Hitze knusprig anbraten. Anschließend mit dem Gemüse in eine Salatschüssel geben und abkühlen lassen.

3 Für das Dressing den Knoblauch **2 Sek. | Turbo** zerkleinern. Mit dem nach unten schieben. Die restlichen Zutaten zufügen und **20 Sek. | Stufe 4** verrühren. Das Dressing über den Salat geben und mit Parmesan bestreut servieren.

TRENDSALAT IM REKORD

Während die Gnocchi in der Pfanne braten, könnt ihr schnell das Gemüse vorbereiten. Das Dressing mixt der Monsieur in weniger als 30 Sekunden – so ist das Gericht im Handumdrehen fertig!

20 MINUTEN

Frikadellen mit Cornichons

LOW CARB LOW FAT

PRO PORTION: 405 KCAL | 27 G E | 30 G F | 8 G KH

ZUTATEN FÜR 4 PERSONEN

- **150 g Cornichons**
- **1 Knoblauchzehe**
- **500 g gemischtes Hackfleisch**
- **1 Ei**
- **30 g Semmelbrösel**
- **2 TL mittelscharfer Senf**
- **Salz**
- **Pfeffer**
- **½ TL edelsüßes Paprikapulver**
- **4 EL Öl**

1 Die Cornichons mit dem Knoblauch in den geben und **5 Sek. | Stufe 7** zerkleinern. Mit dem nach unten schieben. Hackfleisch, Ei, Semmelbrösel, Senf, 1 TL Salz, 3 Prisen Pfeffer sowie Paprikapulver zugeben und alles **1 Min. |** vermengen.

2 Hackmasse zu 8 Frikadellen formen. Das Öl in einer Pfanne erhitzen, die Frikadellen unter Wenden ca. 10 Min. bei mittlerer Hitze goldbraun braten. Anschließend servieren.

> **TIPP** Die Frikadellen schmecken zu frischem Salat, knusprigen Kartoffeln, als Burger im Brötchen oder einfach pur.

Fotos: Anna Gieseler (2)

20 MINUTEN

Cremige Schmand-Nudeln mit Gewürzgurken

LOW CARB · LOW FAT

PRO PORTION: 802 KCAL | 24 G E | 36 G F | 99 G KH

ZUTATEN FÜR 4 PERSONEN

* Salz
* **500 g Fusilli**
* **10 g Petersilienblättchen zzgl. einige zum Garnieren**
* **250 g Gewürzgurken, in Stücken**
* **1 Knoblauchzehe**
* **1 Zwiebel, halbiert**
* **20 g Öl**
* **100 g Gurkenwasser**
* **200 g Schmand**
* **1 TL mittelscharfer Senf**
* **1 Prise Zucker**
* **Pfeffer**
* **200 g Fleischwurst, in feinen Streifen**

1 In einem großen Topf reichlich Salzwasser zum Kochen bringen und die Nudeln bissfest garen. Anschließend abgießen.

2 Petersilie in den geben und **3 Sek. | Stufe 8** zerkleinern. Mit dem nach unten schieben. Gurken zugeben und **3 Sek. | Stufe 6** zerkleinern. Umfüllen und beiseitestellen.

3 Knoblauch mit Zwiebel in den geben und **5 Sek. | Stufe 8** zerkleinern. Mit dem nach unten schieben. Öl zufügen, **2 Min. | Stufe 1 | 120 °C** andünsten. Gurkenwasser, Schmand, Senf, Zucker, 2 Prisen Salz und Pfeffer zugeben, **5 Min. | Stufe 2 | 90 °C** aufkochen.

4 Nudeln mit der Soße vermengen. Fleischwurst und den Gurken-Mix unterheben. Abschmecken und mit Petersilie garniert servieren.

KLASSIKER NEU GEDACHT

Nudelsalat mit Gurken und Fleischwurst – wir alle lieben ihn! Und jetzt glänzt er in einer warmen Version: Diese cremigen Schmand-Nudeln erinnern an den Klassiker. Die zerkleinerten Gewürzgurken bringen frische Akzente, während die Fleischwurststreifen für einen herzhaften Genuss sorgen – alles vereint in einer wunderbar cremigen Soße.

Fotos: Anna Gieseler (2); Hengstenberg (2); Adobe Stock/Katie R (1); Олег Малышаков (1); Archiv (1)

FIX

15 MINUTEN

Asiatischer Gurkensalat

LOW CARB LOW FAT

PRO PORTION: 53 KCAL | 2 G E | 2 G F | 4 G KH

ZUTATEN FÜR 4 PERSONEN

- 2 Knoblauchzehen
- Blättchen von 6 Stielen Koriander zzgl. etwas zum Garnieren
- 2 Salatgurken, entkernt und in Stücken
- 3 EL Sojasoße
- 2 EL Agavendicksaft
- 1 EL Reisessig
- 2 EL Sesam zum Garnieren
- Chiliflocken zum Garnieren

Knoblauch mit Koriander in den Topf geben und **5 Sek. | Stufe 8** zerkleinern. Mit dem Spatel nach unten schieben. Die restlichen Zutaten zufügen und **3–5 Sek. | Stufe 6** zerkleinern. Den Salat in Schüsseln anrichten und mit Sesam, Koriander sowie Chiliflocken garniert servieren.

ASIA-UPGRADE

So wird der klassische Gurkensalat zum neuen Lieblingsgericht! Das Geheimnis: Sojasoße, Agavendicksaft und Reisessig. Wer gern asiatisch isst, sollte diese Basiszutaten immer im Vorratsschrank haben.

UND JETZT:

AB INS GLAS

Welche Sorten gibt es? Wie lange sind sie haltbar und wie verarbeite ich sie?

AROMENGEBER

Je nach Einlegeart verleihen Gurken euren Speisen immer eine neue Nuance. Probiert etwa einmal die „KNAX" Snackgurken „Polnische Art" und „scharf-würzig" von Hengstenberg. Je Glas ca. 3 Euro, www.hengstenberg.de

FRISCH HALTEN

Nach dem Öffnen bleiben Gewürzgurken und Cornichons im Kühlschrank 2–4 Wochen haltbar. Achtet darauf, dass die Gurken immer mit Sud bedeckt sind, damit sie ihren frischen Geschmack behalten. Sollte der Sud mal knapp werden, könnt ihr Wasser nachfüllen.

QUICK-TIPP

Den Gnocchi-Gurken-Salat haben wir mithilfe des WunderSlicers® zubereitet. Der praktische Gemüseschneider für den Monsieur sorgt für perfekte, gleichmäßige Schnitte. Mühsames Reiben sparen wir uns so. Ihr findet den smarten Aufsatz im **ZauberTopf** Shop.

Top-Duo
BROT IM AIRFRYER

Das neue Dreamteam in unserer Küche heißt Monsi und Airfryer.
Für hausgemachtes Brot gilt: der eine mixt den Teig, der andere backt. So gelingt's!

Unsere Kollegin Isy ist begeistert von der Kombi aus Heißluftfritteuse und Monsi. In den nächsten Wochen wird sie weitere Ideen mit euch teilen.

Dinkel-Joghurt-Kruste aus dem Airfryer

01 | 25 std : min

LOW CARB · LOW FAT

PRO SCHEIBE: 187 KCAL | 7 G E | 1 G F | 38 G KH

ZZGL. 1 STD. 30 MIN. RUHEZEIT

ZUTATEN FÜR 16 SCHEIBEN

- **175 g Wasser**
- **10 g frische Hefe**
- **1 TL Honig**
- **350 g Dinkelmehl Type 630 zzgl. etwas zum Bearbeiten**
- **50 g Roggenmehl Type 1150**
- **75 g Joghurt**
- **1 EL heller Balsamicoessig**
- **1½ TL Salz**

1 Wasser, Hefe sowie Honig im **2 Min. | Stufe 1 | 37 °C** erwärmen. Mit den restlichen Zutaten **2 Min. |** zu einem Teig verkneten. An einem warmen Ort abgedeckt 1,5 Std. gehen lassen.

2 Den Garkorb mit Backpapier auslegen. Den Teig auf einer leicht bemehlten Arbeitsfläche mehrmals falten. Zu einem runden Laib formen, die Oberfläche einschneiden und mit etwas Mehl bestäuben. In den Garkorb geben und das Brot **40–50 Min. | 170 °C** backen. Anschließend aus der Form nehmen und abkühlen lassen.

Fotos: Anna Gieseler (3); Archiv (1)

SMARTE TIPPS

2 wertvolle Kniffe für knuspriges Gebäck aus Monsi und Heißluftfritteuse

FORMSCHÖN

Die klassische Kastenform entsteht im Backeinsatz, doch auch eine passende Springform oder eine Silikonform eignen sich bestens. Lasst das Brot nach dem Backen gut auskühlen – so bleibt die Krume schön locker. In ein Baumwolltuch gewickelt bleibt es tagelang frisch und lecker.

ABSTAND BITTE

Achtet darauf, dass zwischen euren Backwaren in der Heißluftfritteuse genügend Abstand bleibt. So kann die Luft optimal zirkulieren und alles wird gleichmäßig durchgebacken. Das gilt für TK-Ware ebenso wie für selbst gemachte Brötchen und Co.

Immer neue Ideen auch auf Instagram: @MONSIEUR_CUISINE_BY_ZAUBERMIX

Genussreise IN DIE TÜRKEI

Gönnt euch mit Börek, Pide und Köfte den Geschmack des Südens und holt das Urlaubsfeeling einfach nach Hause – ganz ohne Kofferpacken

PAMUKKALE, übersetzt „Baumwollschloss", ist berühmt für seine weißen Kalkterrassen, die durch heiße Quellen über Jahrtausende hinweg geformt wurden

Fotos: Anna Gieseler (1); Adobe Stock/Fokke Baarssen (1)

PIKANTER SNACK

Börek sind der Fingerfood-Hit der türkischen Küche. Wir füllen sie mit einem Mix aus Feta, Knoblauch, Paprikapulver und Honig – extrem lecker!

Einfache Börek mit Filoteig

00 35 std : min

LOW CARB LOW FAT

PRO STÜCK MIT DIP:

340 KCAL | 14 G E | 31 G F | 17 G KH

ZUTATEN FÜR 10 STÜCK

FÜR DIE BÖREK-STANGEN

- **100 g Butter, in Stücken**
- **1 Knoblauchzehe**
- **500 g Feta, in Stücken**
- **2 TL Honig**
- **½ TL edelsüßes Paprikapulver**
- **3 Prisen Salz**
- **1 Prise Pfeffer**
- **250 g Filoteig (z.B. von Tante Fanny)**
- **Wasser zum Bestreichen**
- **1 Eigelb zum Bestreichen**
- **1 EL Milch**
- **1 EL weißer Sesam**
- **1 EL Schwarzkümmel**

FÜR DEN DIP

- **1 Knoblauchzehe**
- **50 g Feta, in Stücken**
- **200 g Frischkäse**
- **50 g Ajvar**
- **½ TL Salz**
- **2 Prisen Pfeffer**
- **¼ TL Chiliflocken (optional)**

1 Den Backofen auf 200 °C Ober-/Unterhitze vorheizen. Ein Backblech mit Backpapier belegen.

2 Die Butter im **5 Min. | Stufe 1 | 60 °C** schmelzen, danach umfüllen. Knoblauch im **2 Sek. | Turbo** zerkleinern. Mit dem nach unten schieben. Feta, Honig sowie Gewürze zufügen und **10 Sek. | Stufe 4** vermengen.

3 Die Filoteigblätter in Dreiecke halbieren. Je ein Dreieck mit Wasser bestreichen und ein zweites Dreieck darüberlegen. Für die Füllung je 2 EL Feta-Mischung mittig auf die lange Seite des Teigs geben. Die Ecken je rechts und links mit Wasser bestreichen, einklappen und leicht andrücken. Den Filoteig mit Wasser bestreichen und jeweils eng aufrollen. Die Ränder leicht festdrücken, mit Butter bestreichen und auf das Backblech setzen. Eigelb mit 1 EL Milch verquirlen und auf den Stangen verstreichen. Mit Sesam und Schwarzkümmel bestreuen und ca. 12 Min. goldbraun backen.

4 Währenddessen für den Dip Knoblauch in den geben, **2 Sek. | Turbo** zerkleinern, mit dem nach unten schieben. Feta zufügen und **10 Sek. | Stufe 4** vermengen. Die restlichen Zutaten zugeben und **10 Sek. | Stufe 4** mixen. Mit Börek servieren.

KUMPIR GANZ KREATIV
Die gefüllten Kartoffeln sind so vielseitig wie die Türkei selbst. Anstelle der üblichen Kartoffel füllen wir hier eine Süßkartoffel mit farbenfrohem Gemüse. Einfach wow.

Pulled-Chicken-Kumpir

01 | 15
std : min

LOW CARB LOW FAT

PRO PORTION: 577 KCAL | 18 G E | 33 G F | 54 G KH

ZUTATEN FÜR 4 PERSONEN

- ★ 15 g Petersilienblättchen
- ★ 400 g Rotkohl, in Stücken
- ★ 1 EL Honig
- ★ Salz
- ★ 30 g Zitronensaft
- ★ 6 EL Olivenöl
- ★ 1000 g Wasser
- ★ 4 kleine Süßkartoffeln
- ★ 250 g Hähnchenbrustfilet
- ★ 1 TL edelsüßes Paprikapulver
- ★ Pfeffer
- ★ 2 EL BBQ-Soße
- ★ 200 g Sour Cream
- ★ 1 Frühlingszwiebel, in Ringen, zum Garnieren

1 | Petersilie in den Mixtopf geben, **3 Sek. | Stufe 8** zerkleinern und umfüllen. Rotkohl, Honig, 2 Prisen Salz, Zitronensaft sowie 2 EL Öl in den Mixtopf geben und **4 Sek. | Stufe 6** zerkleinern. Ggf. nach Belieben 1–2 Sek. erneut zerkleinern. Umfüllen und beiseitestellen.

2 | Wasser mit 1 TL Salz in den Mixtopf geben. Die Süßkartoffeln mit einer Gabel rundherum einstechen, mit 2 EL Öl einreiben. Mit 2 Prisen Salz bestreuen und in den tiefen Dampfgaraufsatz legen. Das Hähnchen mit Paprikapulver, 1 Prise Salz sowie 2 Prisen Pfeffer würzen und auf dem flachen Dampfgaraufsatz verteilen.

3 | Dampfgaraufsatz geschlossen aufsetzen und **20 Min. |** dämpfen. Flachen Dampfgaraufsatz mit dem Hähnchen vorsichtig entnehmen, weitere **25 Min. |** dämpfen, Aufheizen abbrechen. Hähnchen mit einer Gabel zerzupfen und mit der BBQ-Soße vermengen.

4 | Süßkartoffeln längs einschneiden, sodass die Hälften noch zusammenhalten. Jeweils das Innere mit einer Gabel auflockern und mit restlichem Öl vermengen. Hähnchen sowie Rotkohl daraufgeben, mit Sour Cream und Frühlingszwiebel servieren.

EPHESUS Die Überreste dieser Stadt sind ein faszinierendes Zeugnis der antiken Vergangenheit

Fotos: Adobe Stock/kuzenkoya (1), gokcen (1); StockFood/Krimshandl-Tauscher, Sandra (1), StockFood / Gräfe & Unzer/ Hoersch, Julia (1)

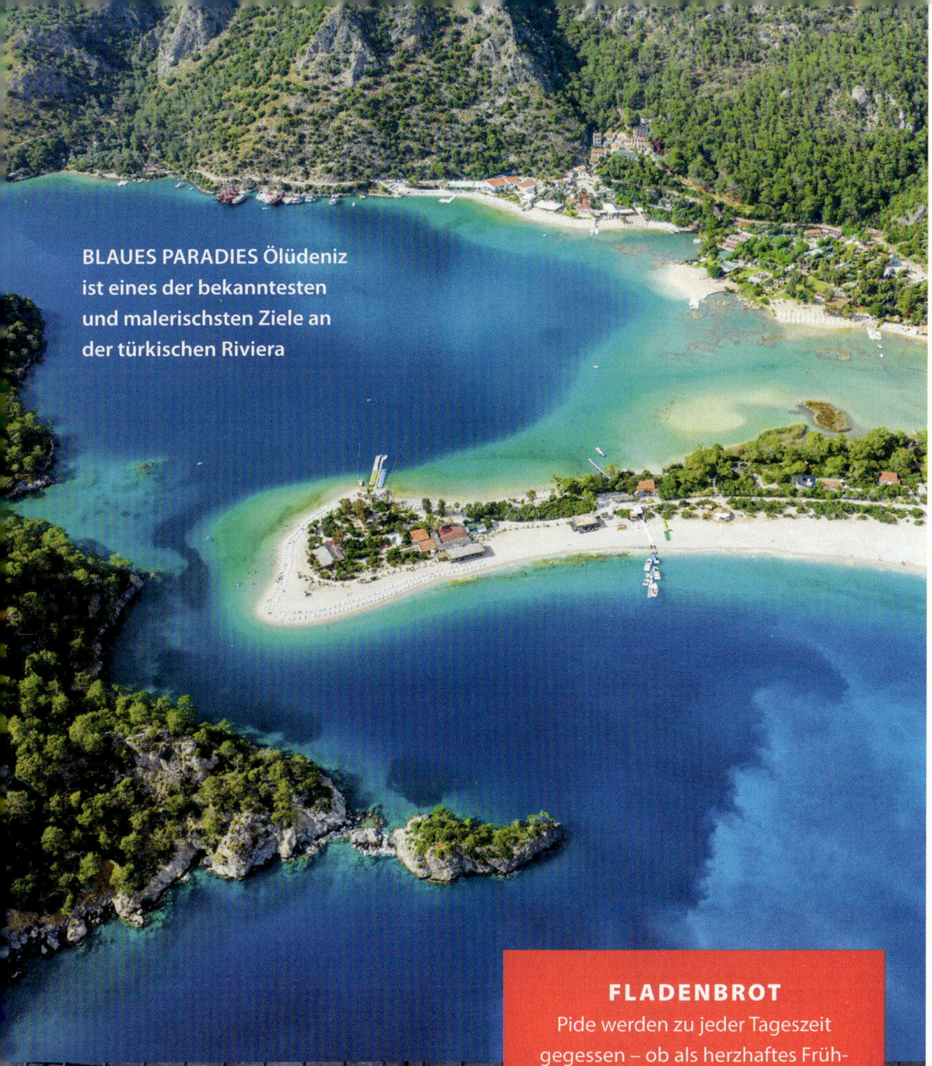

BLAUES PARADIES Ölüdeniz ist eines der bekanntesten und malerischsten Ziele an der türkischen Riviera

FLADENBROT

Pide werden zu jeder Tageszeit gegessen – ob als herzhaftes Frühstück, schnelles Mittagessen oder sättigender Snack zwischendurch.

Pizza Pide Salami & Bolognese

00 | 50 std : min

LOW CARB · LOW FAT

PRO STÜCK: 728 KCAL | 27 G E | 33 G F | 83 G KH

ZZGL. 1 STD. RUHEZEIT

ZUTATEN FÜR 6 STÜCK

FÜR DEN TEIG

- **300 g Wasser**
- **20 g frische Hefe**
- **1 TL Zucker**
- **600 g Weizenmehl Type 405 zzgl. etwas zum Bearbeiten**
- **50 g Olivenöl**
- **45 g Joghurt**
- **Salz**
- **1 Eigelb zum Bestreichen, verquirlt**

FÜR DEN BELAG

- **150 g Gouda, in Stücken**
- **1 Zwiebel, halbiert**
- **20 g Öl**
- **30 g Tomatenmark**
- **250 g Hackfleisch**
- **1 Spitzpaprika, in Würfeln**
- **3 Prisen Pfeffer**
- **1 Prise Chiliflocken**
- **100 g Pizzasoße**
- **75 g Salami**
- **Petersilie zum Garnieren**

1 | Für den Teig Wasser, Hefe sowie Zucker in den Mixtopf geben und **2 Min. | Stufe 2 | 37 °C** erwärmen. Mehl, Olivenöl, Joghurt sowie 1 Prise Salz zufügen und **2 Min. |** Teigstufe verkneten. Umfüllen und abgedeckt ca. 1 Std. gehen lassen.

2 | Gouda in den Mixtopf geben, **10 Sek. | Stufe 8** zerkleinern und umfüllen. Die Zwiebel in den Mixtopf geben, **5 Sek. | Stufe 8** zerkleinern und mit dem Spatel nach unten schieben. Öl und Tomatenmark zufügen, **2 Min. | Stufe 1 | 120 °C** andünsten. Hackfleisch, Paprika, 1 TL Salz, Pfeffer sowie Chiliflocken zufügen und alles **5 Min. |** Linkslauf dünsten.

3 | Backofen auf 200 °C Umluft vorheizen. 2 Backbleche mit Backpapier belegen. Den Teig auf einer bemehlten Arbeitsfläche durchkneten. In 6 Stücke teilen und zu ovalen Fladen ausrollen. Die Hackfleisch-Füllung auf 3 Fladen verteilen. Die restlichen Fladen mit Pizzasoße, Käse und Salami belegen. Ränder nach innen, etwas über die Füllung klappen. Die Enden fest andrücken und leicht verdrehen.

4 | Die Teigränder mit Eigelb bestreichen und die Pide im heißen Ofen ca. 15 Min. backen. Mit Petersilie garniert servieren.

Lahmacun vegetarisch

00 35 std : min

LOW CARB LOW FAT

PRO PORTION: 408 KCAL | 17 G E | 21 G F | 39 G KH

ZUTATEN FÜR 4 PERSONEN

FÜR DIE LAHMACUN

- ★ **1 rote Paprikaschote, in Stücken**
- ★ **1 Knoblauchzehe**
- ★ **1 kleine Zwiebel, halbiert**
- ★ **Blättchen von 6 Stielen Petersilie**
- ★ **30 g Tomatenmark**
- ★ **2 EL Öl**
- ★ **½ TL Ras el-Hanout**
- ★ **½ TL edelsüßes Paprikapulver**
- ★ **150 g Wasser**
- ★ **2 TL Gemüse-Gewürzpaste**
- ★ **2 TL Sojasoße**
- ★ **50 g Soja-Granulat**
- ★ **4 Tortilla-Fladen (Ø 18–24 cm)**

FÜR DAS SALATTOPPING

- ★ **4 kleine Tomaten, geviertelt**
- ★ **½ Gurke, entkernt und in Stücken**
- ★ **Salz**
- ★ **1 rote Zwiebel, in Ringen**
- ★ **1 EL Rotweinessig**
- ★ **2 Peperoni (Glas), in Stücken**
- ★ **150 g Hirtenkäse, zerbröselt**
- ★ **Basilikum zum Garnieren**
- ★ **Chiliflocken (z. B. Pul Biber) zum Garnieren**

1 | Paprika, Knoblauch, Zwiebel, Petersilie, Tomatenmark, Öl, Ras el-Hanout und Paprikapulver in den [Mixtopf] geben, **10 Sek. | Stufe 8** pürieren. Wasser, Gewürzpaste und Sojasoße zugeben, **5 Min. | Stufe 1 | 100 °C** aufkochen. Soja-Granulat zugeben und 10 Min. quellen lassen.

2 | Tomaten und Gurke mit 2 Prisen Salz würzen. Die rote Zwiebel in einer Schüssel mit dem Essig vermengen.

3 | Den Ofen auf 220 °C Ober-/Unterhitze vorheizen. Je einen Tortillafladen mit etwas Wasser besprenkeln, mit ¼ der Soja-Mischung bestreichen. Im heißen Ofen 5 Min. backen. Mit etwas von dem vorbereiteten Gemüse, Peperoni, Hirtenkäse und Basilikum belegen. Nach Belieben mit Chiliflocken garniert servieren.

TRAUMHAFTES KAPPADOKIEN
Hier trifft ein Naturwunder auf eine faszinierende Geschichte

MAL VEGGIE

Lahmacun ist ein klassisches Gericht der türkischen Küche und besteht aus Fladenbrot mit Hacfkleisch. Wir servieren eine vegetarische Variante und sagen: Merkt keiner, schmeckt wundervoll!

ISTANBULS WAHRZEICHEN
Die Blaue Moschee ist religiöses Zentrum und ein faszinierendes Kulturdenkmal zugleich, welches das reiche Erbe der Stadt widerspiegelt

Türkisch mit Asia-Touch

Köfte-Topf

00 | 45
std : min

LOW CARB LOW FAT

PRO PORTION: 734 KCAL | 26 G E | 41 G F | 60 G KH

ZUTATEN FÜR 4 PERSONEN

FÜR DIE KÖFTE
- **1 Zwiebel, halbiert**
- **1 Knoblauchzehe**
- **300 g Hackfleisch**
- **30 g Paniermehl**
- **1 Ei**
- **½ TL gemahlener Kreuzkümmel**
- **Salz**
- **Pfeffer**

FÜR DIE SUPPE
- **2 cm Ingwer**
- **1 Fenchelknolle, in Stücken**
- **20 g Öl**
- **2 EL rote Currypaste**
- **400 g Kokosmilch (Dose)**
- **1000 g Wasser**
- **2 TL Gemüse-Gewürzpaste**
- **20 g Sojasoße**
- **1 Paprikaschote, in Würfeln**
- **250 g Ramen-Nudeln**
- **Koriander zum Garnieren**

1 Für die Köfte Zwiebel mit Knoblauch in den geben und **5 Sek.** | **Stufe 8** zerkleinern. Mit dem nach unten schieben. Hack, Paniermehl, Ei, Kreuzkümmel, ½ TL Salz sowie 2 Prisen Pfeffer zufügen und **30 Sek.** | verkneten. Aus der Masse mit feuchten Händen kleine Bällchen formen und beiseitestellen. Den spülen.

2 Für die Suppe Ingwer im **2 Sek.** | **Turbo** zerkleinern, mit dem nach unten schieben und den Vorgang wiederholen. Fenchel zugeben, **4 Sek.** | **Stufe 6** zerkleinern. Erneut mit dem nach unten schieben, Öl mit Currypaste zufügen und **4 Min.** | andünsten.

3 Kokosmilch, Wasser, Gewürzpaste, Sojasoße, Paprika sowie Köfte zugeben und **15 Min.** | | **Stufe 1** | **100°C** ohne Messbecher köcheln lassen. Nudeln im Block in den geben und **nach Packungsangabe** | | **Stufe 1** | **100°C** garen. Die Suppe auf Schalen verteilen und mit Koriander garniert servieren.

Step by Step

PIDE

Mit wenigen Handgriffen zum türkischen Klassiker – wir zeigen euch, wie's geht

Pide aus dem Monsieur Cuisine
Rezept siehe Seite 58

Fotos: Anna Gieseler (5)

IDEEN FÜR DEN BELAG

Spinat, häufig kombiniert mit Feta oder Käse, ist der Klassiker in der türkischen Küche. Hackfleisch, buntes Gemüse oder eine würzige Käsemischung bringen Abwechslung in das Pide. Wichtig ist, die Füllung nicht zu üppig zu gestalten – eine dünne Schicht reicht völlig aus. So bleibt das Pide schön leicht und bekommt eine perfekte Konsistenz beim Backen.

Pide aus dem Monsieur Cuisine

01 | 10 std : min

LOW CARB LOW FAT

PRO STÜCK: 619 KCAL | 20 G E | 23 G F | 83 G KH

ZZGL. 1 STD. RUHEZEIT

ZUTATEN FÜR 6 STÜCK

FÜR DEN TEIG
- **300 g Wasser**
- **20 g frische Hefe**
- **1 TL Zucker**
- **600 g Weizenmehl Type 405 zzgl. etwas zum Bearbeiten**
- **50 g Olivenöl**
- **45 g Joghurt**
- **Salz**
- **1 Eigelb zum Bestreichen, verquirlt**
- **1 EL schwarzer Sesam zum Bestreuen**

FÜR DIE FÜLLUNG
- **1 Knoblauchzehe**
- **2 Zwiebeln, halbiert**
- **20 g Olivenöl**
- **500 g Babyspinat**
- **Abrieb von 1 unbehandelten Zitrone**
- **1 TL Honig**
- **Pfeffer**
- **200 g Feta, zerbröselt**

1 | Für den Teig Wasser, Hefe und Zucker in den geben, **2 Min.** | **Stufe 2** | **37 °C** erwärmen. Mehl, Olivenöl, Joghurt sowie 1 Prise Salz zugeben, **2 Min.** | verkneten. Den Teig umfüllen und abgedeckt ca. 1 Std. gehen lassen.

2 | Für die Füllung Knoblauch und Zwiebeln in den geben, **5 Sek.** | **Stufe 8** zerkleinern und mit dem nach unten schieben. Olivenöl zugeben und alles **2 Min.** | **Stufe 1** | **120 °C** andünsten.

3 | Dann **4 Min.** | | **Stufe 1** | **120 °C** erhitzen, dabei den Spinat durch die Deckelöffnung zugeben und zusammenfallen lassen. Zitronenabrieb sowie Honig hinzufügen und **1 Min.** | | **Stufe 2** unterrühren. Mit Salz und Pfeffer abschmecken, umfüllen und auskühlen lassen.

4 | Den Backofen auf 200 °C Umluft vorheizen. 2 Backbleche mit Backpapier belegen. Teig auf einer bemehlten Arbeitsfläche durchkneten, in 6 Stücke teilen und zu ovalen Fladen ausrollen. Füllung mittig darauf verteilen. Die Ränder nach innen etwas über die Füllung klappen. Enden fest andrücken und leicht verdrehen. Die Spinatfüllung mit Feta bestreuen.

5 | Die Teigränder mit Eigelb bestreichen und mit Sesam bestreuen. Im heißen Ofen ca. 25 Min. backen. Herausnehmen und servieren.

PIDE PERFECTION

Was das türkische Fladenbrot so besonders macht, wie euch der Teig gelingt und womit es am besten schmeckt

WAS SIND PIDE?

Pide bedeutet „Fladenbrot" und bezeichnet die typischen länglichen, bootförmigen Teigfladen, die mit würzigem Hackfleisch, Käse oder Gemüse belegt werden. Knuspriger Rand, saftiger Belag – ein Genuss, der in der Türkei fester Bestandteil geselliger Mahlzeiten ist.

Aufbewahren & aufbacken

Pide schmecken am besten frisch und warm. Sollten sie übrig bleiben, bewahrt ihr sie einfach in einem luftdichten Behälter bei Raumtemperatur auf – so bleiben sie 1–2 Tage frisch. Wenn ihr Pide auf Vorrat backen möchtet, könnt ihr sie problemlos einfrieren. Zum Aufbacken gebt ihr die gefrorenen Pide bei 180 °C (Ober-/Unterhitze) für 10–15 Minuten in den Ofen. Wer einen besonders knusprigen Boden mag, erwärmt sie einfach ohne Fett in einer Pfanne. So schmecken sie wie frisch aus dem Ofen!

STREIFENWEISE GENUSS

Frisch aus dem Ofen wird Pide traditionell in Streifen geschnitten – so kann sich jeder ganz unkompliziert bedienen. Am besten gelingt das mit einem Pizza-Schneider oder Wiegemesser. Passendes Zubehör gibt's im **ZauberTopf** Shop. www.zaubertopf-shop.de

Hefeteig als Basis

Locker und luftig – ein guter Hefeteig macht Pide erst perfekt. Im Monsieur gelingt er besonders einfach, denn der knetet den Teig geschmeidig und sorgt für optimale Bedingungen, damit er schön aufgeht. Ein kleiner Trick: Im Dampfgarer bleibt die Temperatur konstant, sodass der Teig gleichmäßig gärt. Wie das genau funktioniert und welche weiteren Kniffe es gibt, erfahrt ihr bei **ZauberMix**!

*Pide werden oft mit Cacık serviert – einer türkischen Variante von Zaziki, verfeinert mit Dill oder Minze. Vor allem bei scharf belegten Pide sorgt der **Joghurt-Dip** für einen erfrischenden Kontrast.*

FÜR JEDEN GESCHMACK

Mit dem türkischen Fladenbrot könnt ihr viele Geschmäcker treffen, denn wie bei Pizza könnt ihr Pide nach Lust und Laune belegen. Ob mit Fleisch oder frischem Gemüse bis hin zu Varianten mit Hülsenfrüchten. Probiert aus, was euch am besten schmeckt und verarbeitet, was ihr im Haus habt!

Fotos: Anna Gieseler (1); Désiree Peikert (1); StockFood/Schall, Ewgenija (1); Adobe Stock / Rihanna (1); Archiv (2)

ZauberTopfShop

FÜR EUCH ENTDECKT ...

Damit euch das Kochen und Backen noch besser von der Hand geht

DREIFACH GUT

Edelstahl-Rührschüsseln

Das 3er-Set mit transparenten Deckeln gehört zu jeder Grundausstattung. Rutsch- und spülmaschinenfest.

49,95 €

Isy Monsieur-Expertin

Ich teste gerne Produkte und teile meinen ersten Eindruck auf Instagram unter @monsieur_cuisine_by_zaubermix mit euch. Folgt mir, ich freue mich auf euch!

FÜR LIEBLINGE

Rezeptbuch

Sammelt eure persönlichen Rezept-Favoriten im liebevoll gestalteten Büchlein mit hochwertigem Einband.

14,99 €

SCHAUT IM SHOP VORBEI, ES GIBT NEUES!

KLECKERFREI

WunderBoard®

Mit einem Handgriff wandern die Zutaten direkt in den Monsi. Die praktische Schüttkante sorgt dafür, dass alles sauber bleibt.

26,95 €

KLEIN UND OHO

Miximizer®

Die praktische Mixtopf-Verkleinerung sorgt für optimale Messerreichweite und gleichmäßige Ergebnisse.

22,95 €

MEHR FUNKTIONEN!

WunderPlate®

Setzt die WunderPlate® auf die Mixmesser-Schraube und deckt damit die Klingen des Mixtopfs ab. So entsteht ein Garraum im Monsieur, den ihr wie einen klassischen Kochtopf verwenden könnt – mit den Vorzügen der präzisen Temperaturzufuhr. Nutzt den Topf so zum Sous-vide-Garen, zum Erhitzen von Würstchen oder zum Garen von Gemüse, das nicht zerschnitten werden soll.

24,95 €

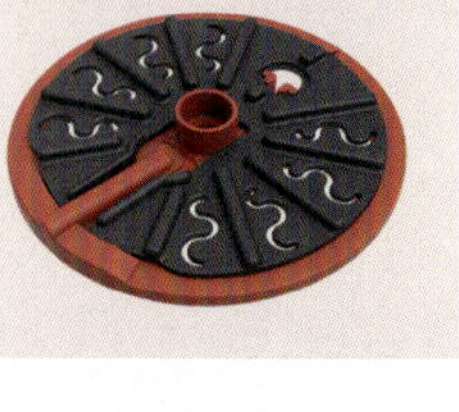

www.zaubertopf-shop.de

SIEB FÜR ALLE FÄLLE
WunderWave®

Sagt „Tschüss" zu umständlichem Umfüllen! Das WunderWave® Ausgusssieb wird einfach direkt auf dem Mixtopf befestigt. So könnt ihr sicher und schnell abgießen – ganz ohne Kleckern und ohne zusätzliche Siebe. Ideal für Nudeln, Gemüse oder selbst gemachte Limonaden. Einfach anbringen, abgießen und fertig!

19,95 €

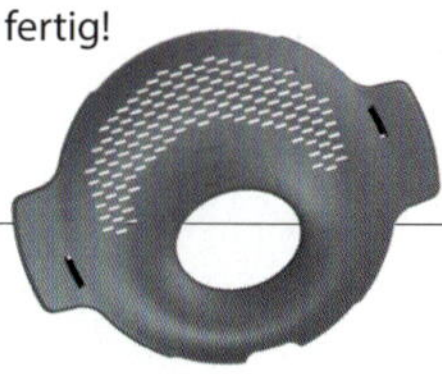

Mit dem passenden Helfer holt ihr mehr aus dem Monsieur!

SMARTER HELFER
Kochfix Dampfumleitung

Mit der Dampfumleitung bleibt die Küche sauber. Einfach auf den Mixtopf aufsetzen und der Dampf wird gezielt abgeführt.

28,90 €

MIXEN NEXT LEVEL
7-tlg. „Profi-Set"

Alles, was ihr für noch mehr Kochspaß mit eurem Monsieur Cuisine braucht – kompatibel mit Smart, Trend und Connect.

109,60 € statt ~~137 €~~

Wieder da!

FRISCHES BROT
Backmischungs-Set

Endlich wieder erhältlich: Unsere drei gelingsicheren Brotbackmischungen im Set mit praktischer Teigkarte zur einfachen Teigverarbeitung.

17,85 €

Änderungen vorbehalten. Fotos: Archiv

SAUER *macht glücklich*

Gelb, frisch und spritzig: Diese Ideen mit Zitrone verleihen Gebäck, Tiramisu und Crème brûlée die perfekte Sommerfrische

SO EASY!
Wir mixen einen Teig für Boden und Streusel mit dem Monsieur Cuisine in sage und schreibe 20 Sekunden. Das Beste: Die Füllung aus Frischkäse und Schmand ist genauso fix fertig und sorgt mit dem feinen Zitronenaroma für dufte Cremigkeit! Genial!

Fotos: Désirée Peikert/Bosch (1); StockFood (1); Are Media (1); Micoplane (1)

GEHEIMZUTAT
Zitronenschalen bringen intensive Zitrusnoten. Mit der Microplane „Zester-Reibe" der „New-Professional"-Serie raspelt ihr mühelos feinste Zesten von Zitrone, Limette und Co. Ca. 40 Euro, www.microplaneintl.com/de

Zitronen-Cheesecake-Schnitten

00 45 std : min

PRO STÜCK: 289 KCAL | 3 G E | 8 G F | 51 G KH

ZUTATEN FÜR 12 STÜCKE

FÜR DEN TEIG
- **175 g Weizenmehl Type 405**
- **100 g Haferflocken**
- **1 Prise Salz**
- **180 g Butter, in Stücken, zzgl. etwas zum Fetten**
- **45 g Zucker**
- **45 g brauner Zucker**

FÜR DIE FÜLLUNG
- **Abrieb und Saft von 1 unbehandelten Zitrone**
- **400 g Frischkäse**
- **100 g Schmand**
- **1 Ei**
- **1 EL Stärke**
- **3 EL Zucker**

AUSSERDEM
- **quadratische Backform (ca. 24×24 cm)**

1 Backofen auf 190 °C Ober-/Unterhitze vorheizen. Backform einfetten. Für den Teig alle Zutaten in den Mixtopf geben, **30 Sek. | Stufe 4** zu einem glatten Teig verkneten. Zwei Drittel des Teigs als Boden in die Form drücken. Restlichen Teig umfüllen, Mixtopf spülen.

2 Zitronenabrieb und -saft mit Frischkäse, Schmand, Ei, Stärke und Zucker in den Mixtopf geben und **20 Sek. | Stufe 4** glatt rühren. Creme auf dem Boden verteilen. Den restlichen Teig als Streusel darübergeben. Den Kuchen ca. 30 Min. backen, danach auskühlen lassen.

Zitronen-Tassenkuchen

00 10 std : min

PRO PORTION: 631 KCAL | 13 G E | 32 G F | 72 G KH

ZUTATEN FÜR 4 PERSONEN

- **125 g Butter, in Stücken**
- **4 Eier**
- **200 g Weizenmehl Type 405**
- **125 g Zucker**
- **75 g Milch**
- **Abrieb und Saft von ½ unbehandelten Zitrone**
- **2 TL Backpulver**

Butter in den Mixtopf geben und **2 Min. | Stufe 1 | 60 °C** schmelzen. Eier zugeben und **1 Min. | Stufe 4** verquirlen. Restliche Zutaten zugeben und **20 Sek. | Stufe 4** vermengen. Den Teig auf Tassen verteilen und 2–3 Min. bei 800 Watt in der Mikrowelle backen.

>IM BACKOFEN Wer es lieber mit etwas mehr Crunch mag, kann den Tassenkuchen alternativ auch im Airfryer oder klassisch im Backofen backen. Dafür im Airfryer **15 Min. | 170 °C** oder im Ofen ca. 25 Min. bei 180 °C Ober-/Unterhitze backen.

FRISCHE-KICK Anstelle wie üblich mit Espresso, tränken wir die Löffelbiskuits hier mit Limoncello und Zitronensaft – für eine fruchtige, sommerliche Variante des klassisch-herben Schichtdesserts.

Limoncello-Tiramisu

00 20 std : min

LOW CARB | LOW FAT

PRO GLAS: 484 KCAL | 6 G E | 39 G F | 26 G KH

ZUTATEN FÜR 6 GLÄSER

- 200 g Sahne
- 400 g Mascarpone
- 30 g Puderzucker
- 1 EL selbst gemachter Vanillezucker
- Abrieb und Saft von ½ unbehandelten Zitrone
- 100 g Limoncello
- 15 Löffelbiskuits
- Zitronenzesten zum Garnieren

1 | Den Rühraufsatz einsetzen. Sahne in den Mixtopf geben und ohne Zeiteinstellung auf **Stufe 4** unter Sichtkontakt steif schlagen. Rühraufsatz entnehmen, Sahne umfüllen.

2 | Mascarpone, Puderzucker, Vanillezucker, Zitronenabrieb sowie 20 g Limoncello in den Mixtopf geben und **20 Sek. | Stufe 4** verrühren. Sahne mithilfe des Spatels unterheben.

3 | Restlichen Limoncello und Zitronensaft in einer Schüssel vermischen, die Löffelbiskuits von beiden Seiten darin tränken und mit der Creme in die Gläser schichten. Mit Creme abschließen, glatt streichen und mit Zitronenzesten garnieren. Bis zum Servieren kalt stellen.

Zitronen-Posset à la Crème brûlée

00 25 std : min

LOW CARB | LOW FAT

PRO STÜCK: 223 KCAL | 1 G E | 16 G F | 18 G KH

ZZGL. 8 STD. RUHEZEIT

ZUTATEN FÜR 6 STÜCK

- 3 unbehandelte Zitronen
- 300 g Sahne
- 70 g Zucker
- Abrieb von ½ unbehandelten Zitrone
- 65 g Zitronensaft
- 20 g brauner Rohrzucker

AUSSERDEM
- Flambierer
- Auflaufform (30×20 cm)

1 | Zitronen gründlich waschen, längs halbieren, das Fruchtfleisch entfernen und auspressen. Die Zitronenhälften in eine Form stellen.

2 | Sahne, Zucker sowie Zitronenabrieb in den Mixtopf geben und ohne Messbecher **10 Min. | Stufe 2 | 100°C** köcheln lassen. Den Zitronensaft zugeben und nochmals **4 Min. | Stufe 2 | 100°C** weiterköcheln. Sahne in die Zitronenhälften gießen und über Nacht kalt stellen.

3 | Vor dem Servieren etwas Rohrzucker auf der Creme verteilen. Mit einem Flambierbrenner gleichmäßig überflammen, damit eine schöne und knackige Karamellkruste entsteht. Sofort servieren.

>WAS IST POSSET Die Zitronencreme ist ein traditionelles britisches Dessert, das an Pudding erinnert. Es wird aus Sahne, Zucker und Zitronensaft zubereitet.

Tanja **Redaktionsleiterin**

Zitronen gehören zu meinen Lieblingszutaten – ihre frische Säure sorgt immer für eine besondere Leichtigkeit.

GANZE ZITRONE

Wir verwenden alles von der Zitrone – den Saft, ihren Abrieb und sogar ihre Schale, in der die Creme stilvoll angerichtet wird. Das sorgt für echte Wow-Momente am Tisch und spart auch noch Abwasch – clever!

Fotos: StockFood / The Picture Pantry (1); Sandra Leibinger (1); Archiv (1); Julia Eickmeyer (1)

Vorabcover

ZauberMix News

Wer **ZauberMix** kennt, der weiß, dass kein Tag vergeht, an dem es nicht etwas Spannendes zu berichten gibt. Erfahrt hier alles Wichtige!

MEHR ZEIT FÜR GENUSS

Wir gewähren euch schon jetzt einen kleinen Einblick, was hinter unseren Kulissen passiert ... In Kürze erscheint unsere Sonderausgabe für Eilige! Im neuen „Express Spezial" setzen wir auf maximalen Genuss in Minimalzeit! Richtig rasant: Mit unseren besten 15-Minuten-Ideen seid ihr definitiv schneller als der Lieferdienst, mit supereinfachen One-Pots ist sogar die Küche ruckzuck wieder blitzsauber und mit trickreichen Ideen für schnelle Snacks ist auch der kleine Hunger schnell gestillt. Highlights: Erfahrt, wie ihr selbst gebackenes Brot ohne lange Wartezeiten in euren vollen Alltag integriert und wie euch Meal Prepping entspannt ohne ganze Kochtage gelingt.

Das 132-seitige „Express Spezial" von monsieur cuisine by ZauberMix gibt's ab dem 13. Juni für 8,99 Euro im Zeitschriftenhandel oder auch bei uns im Shop.

DANKE AN ALLE FANS!

Wir sind so stolz! Auf unserem Instagram-Kanal folgen uns inzwischen rund hunderttausend Fans. Wer mag, erhält hier jeden Tag völlig kostenlos neue Rezepte, coole Hacks und wichtige News oder kann an tollen Gewinnspielen teilnehmen. Folgt Isy, die auf Instagram auch regelmäßig live geht, um mit euch zu kochen. Entdeckt zudem jede Woche unseren neuen beliebten Wochenplan mit leckeren Ideen, passend zur Saison!

Coole Ideen gesucht?

ABKÜHLUNG GARANTIERT!

Die warme Saison ist in vollem Gange und wir haben direkt Lust auf die Eisdiele. Unsere Lieblingsrezepte für Nicecream, Softeis und Sorbet sowie No-Bake-Cakes und Co. findet ihr auf **ZauberMix.de** – jetzt einfach 31 Tage kostenlos ausprobieren und vor allem: Fotos teilen!

JEDE WOCHE 20.000 ZUSCHAUER!

Wir haben Grund zum Jubeln! Seit dem Frühling verfolgen uns auf unserem YouTube-Kanal von **ZauberMix** rund 20.000 Fans. Jede Woche sonntags geht unsere Kollegin Isy mit einer neuen Folge auf Sendung und begeistert mit saisonalen Rezepten, testet neue Trends, verrät persönliche Tipps und vieles mehr. Dranbleiben lohnt sich, denn dieses Jahr gibt's noch mehr Tests spannender Küchenmaschinen und Produkte. Schaut vorbei und abonniert den Kanal, so verpasst ihr keine Folge!

93 %

Kochlust

Wow, das ist eine echte Ansage! 42 % der **ZauberMix Fans kochen wirklich jeden Tag**, 51 % kochen drei- bis sechsmal pro Woche. Das heißt, die **ZauberMix** Community sorgt für unfassbar viele frisch gekochte Speisen in ganz Deutschland. Wir sagen: Hut ab vor so viel Einsatz!

Unser Versprechen: Wir bringen Abwechslung auf eure Teller und liefern dafür jeden Tag mindestens 2 neue Ideen! Und jede einzelne findet ihr auf **ZauberMix.de**

Wir testen für euch

Trend-Alarm!

Es tut sich etwas im Foodie-Kosmos? Unsere Kollegin Isy ist zur Stelle und testet den Trend im Monsi. Zuletzt „Pfannkuchen vom Blech"! Wie sie ruckzuck gelingen? Folgt uns auf @zaubermix.de

Erhaltet unser einfaches und schnelles ***Rezept der Woche*** *– kostenlos direkt in euer E-Mail-Postfach! Gleich anmelden und genießen: www.zaubermix.de/news*

Fotos: Sandra Leibinger (1); Anna Gieseler (2); Archiv (4); © StockFood/PhotoCuisine (1)

Rhabarber HOCH 3

Die süßsauren Stangen sind wieder da! Und wir bringen sie gleich in drei verführerischen Varianten auf den Tisch: als saftigen Blechkuchen, erfrischende Limo und cremiges Curd. So schmeckt der Frühling!

Rhabarberkuchen schnell & saftig

00 | 50
std : min

LOW CARB LOW FAT

PRO STÜCK: 187 KCAL | 3 G E | 10 G F | 21 G KH

ZUTATEN FÜR 24 STÜCKE

- **250 g weiche Butter, in Stücken**
- **175 g Zucker zzgl. 4 EL**
- **4 Eier**
- **400 g Weizenmehl Type 405**
- **150 g Joghurt**
- **1½ TL Backpulver**
- **1 Prise Salz**
- **500 g Rhabarber, in 3 cm großen Stücken**
- **1 TL Zimt**

1 | Backofen auf 180 °C Ober-/Unterhitze vorheizen. Backblech mit Backpapier auslegen.

2 | Butter, Zucker und Eier in den Mixtopf geben und **2 Min.** | **Stufe 3** cremig rühren. Mehl, Joghurt, Backpulver sowie Salz zugeben und **20 Sek.** | **Stufe 4** unterrühren.

3 | Den Teig auf das Backblech geben und die Rhabarberstücke auf dem Teig verteilen. Rhabarber leicht andrücken. Zimt und 4 EL Zucker mischen und über den Rhabarber streuen. Im heißen Ofen ca. 30 Min. backen. Herausnehmen, auskühlen lassen und servieren.

GEHEIMZUTAT JOGHURT

Was diesen Rhabarberkuchen so besonders saftig macht? Der Joghurt im Teig! Er sorgt für eine feuchte Konsistenz und macht den Kuchen unwiderstehlich. Der frische Rhabarber setzt dem Ganzen die fruchtig-säuerliche Krone auf.

Frühlingsbote vom Blech!

Foto: Anna Gieseler/Bos... (1)

Rhabarber-Ingwer-Limonade

00 30
std : min

PRO GLAS MIT 2 CL SIRUP: 26 KCAL | 0 G E | 0 G F | 6 G KH

ZZGL. 2 STD. RUHEZEIT

ZUTATEN FÜR 6 GLÄSER (À CA. 250 ML)

FÜR DEN SIRUP

- **250 g Rhabarber, in Stücken**
- **50 g Ingwer**
- **50 g Himbeeren (TK)**
- **200 g Zucker**
- **150 g Wasser**

FÜR DIE LIMO

- **1200 g Mineralwasser mit Kohlensäure**
- **Crushed Ice**

1 Rhabarber, Ingwer, Himbeeren, Zucker und 150 g Wasser in den Mixtopf geben und **20 Min. | Stufe 1 | 90 °C** kochen. Die Masse durch ein feines Sieb oder ein sauberes Geschirrtuch passieren und den Sirup noch heiß in eine sterile Flasche füllen. Vollständig auskühlen lassen.

2 Für 6 Gläser Limonade je 2 cl vom Sirup auf die Gläser verteilen. Nach Belieben Crushed Ice zugeben und mit Mineralwasser auffüllen. Sofort servieren.

>HALTBARKEIT Der Sirup ist gekühlt 5 Tage haltbar.

INGWER FÜR ETWAS SCHÄRFE

Der Ingwer sorgt mit seiner würzigen Schärfe für das gewisse Etwas in der Limonade. Wenn ihr die Knolle in Bio-Qualität verwendet, kann er sogar mit Schale verarbeitet werden – das spart Zeit und intensiviert das Aroma.

Purer Genuss von der Stange!

FRISCHES EI
Verwendet ganz frische Eier. Das Besondere bei der Curd-Zubereitung: Das Ei wird in 80-Grad heiße Flüssigkeit gerührt. Damit es nicht stockt, darf die Temperatur nicht höher sein. Dank der präzisen Temperaturangabe des Monsis gelingt das einfach und sicher.

Himbeer-Rhabarber-Curd

00 45 std : min

PRO PORTION (30 G): 46 KCAL | 1 G E | 3 G F | 5 G KH

ZUTATEN FÜR 3 GLÄSER À 220 ML

- **400 g Rhabarber, in Stücken**
- **300 g Himbeeren**
- **120 g Zucker**
- **20 g selbst gemachter Vanillezucker**
- **Saft von 1 Zitrone**
- **100 g Butter, in Stücken**
- **2 Eier**

1 Rhabarber sowie Himbeeren in den ⌴ geben, **20 Sek. | Stufe 8** zerkleinern. Zucker, Vanillezucker, Zitronensaft sowie Butter zufügen und alles **10 Min. | Stufe 2 | 100 °C** einkochen. Dann auf 80 °C abkühlen lassen

2 Eier zugeben und **5 Sek. | Stufe 6** einrühren. Danach alles ohne Messbecher **20 Min. | Stufe 2 | 90 °C** einkochen lassen. **15 Sek. | Stufe 8** pürieren, in sterile Gläser füllen und abkühlen lassen.

>HALTBARKEIT Das Curd ist im Kühlschrank gelagert bis zu 4 Wochen haltbar.

Da ist für jeden was dabei!

WAS KOCHE ICH HEUTE?

Für jedes wählerische Familienmitglied und jeden Tag das Passende auf den Tisch zu stellen, sodass keiner nörgelt, ist eine echte Challenge. Finde hier immer schnell eine einfache, leckere Idee für Mittag- und Abendessen sowie für zwischendurch. Erhalte dazu wertvolle Tipps in unseren Ratgebern, wie du sie mit dem Monsieur ruckzuck zu- oder smart vorbereitest und dir so richtig viel Zeit und Stress sparst.

GESUNDE BASICS & BESONDERES

Kräuterbutter zum Einfrieren, Über-Nacht-Brötchen für hungrige Mäuler oder Bolo für den Vorrat – wir wollen gesunde Basics für die Kids. Bei allem, was du selbst machst, weißt du, was drin ist. Entdecke simple Rezepte und kreative Ideen, wie unkompliziert dir das im Alltag tatsächlich ab sofort gelingt!

Fotos: Archiv

Marmeladen *leicht gemacht*

Ob große Ernte oder kleine Reste –
mit dem Monsieur Cuisine sind frische Früchte
schnell zu süßen Köstlichkeiten verarbeitet

Auf einmal gibt's an jeder Ecke körbeweise Erdbeeren, die eingemacht werden wollen, oder in der Küche liegt noch eine Handvoll Obst, das keine Abnehmer findet – mit diesen Tipps werden alle Früchte schnell haltbar gemacht

Gut vorbereitet

Dass der Monsieur Cuisine ein echter Einmach-Profi ist, wisst ihr bereits, wenn ihr schon mal Marmeladen gekocht habt. Der Zaubertopf wiegt zunächst Früchte und auch Gelierzucker präzise ab, zerkleinert das Obst dann fein und das Aufkochen gelingt dank der Temperatureinstellung und des konstanten Rührens ohne Anbrennen und Überkochen. Auch das Pürieren von Marmeladen und Konfitüren ist schnell gemacht. So sind die Einmachgläser im Nu befüllt.

Nachhaltig: Hier kommt nichts weg!

Haushalte mit einem Monsieur Cuisine in der Küche haben grundsätzlich schon mal eine gute Voraussetzung, um weniger Lebensmittelabfälle zu produzieren beziehungsweise mehr Lebensmittel restlos zu verwerten. Denn in kürzester Zeit sind auch kleine Portionen von Gemüse, Obst oder Kräutern verarbeitet. Bevor wir etwas schrumpelig gewordene Äpfel und Tomaten, eine angetrocknete Zitronenhälfte oder letzte Stängel vom Basilikum wegwerfen, suchen wir lieber fix eine Rezeptidee, um diese Mini-Mengen in eine wertvolle Speise zu verwandeln.

XXL-Ernte oder kleine Reste

Damit ihr im Sommer noch mehr aus eurem Monsieur Cuisine herausholt, teilen wir unsere zwei Grundrezepte mit euch, mit denen ihr entweder bis zu 1800 g Früchte smart verarbeitet oder auch aus nur wenigen Gramm eine schnelle Last-minute-Marmelade zubereitet.

Recycling: die idealen Einmachgläser

Zum Befüllen und erneuten Leeren eignen sich Schraubgläser in der sogenannten Sturzform am besten. Sturzgläser haben keinerlei Wölbungen und lassen sich daher restlos reinigen. Generell seid ihr mit Schraub- oder Twist-off-Gläsern mit Metalldeckel gut beraten, da sie sich hygienisch reinigen und mit der eingefüllten Fruchtmasse luftdicht verschließen lassen. Ihr startet besonders nachhaltig in die Einmachsaison, wenn ihr Gläser wiederverwendet, die vorher mit anderen Produkten gefüllt waren. Häufig findet ihr im Supermarktregal sehr schöne Exemplare und auch gute Portionsgrößen. Kocht die Gläser aus und reinigt auch die Deckel rückstandslos. Besonders gut eignen sich kleine Exemplare mit 100–200 g Füllmenge, da sie schnell aufgebraucht sind.

Etiketten-Entferner

Damit ihr auch ohne neu gekaufte Einmachgläser sofort loslegen könnt, haben wir diesen Etiketten-Entferner entwickelt. Er hilft dabei, Klebe- und Papierreste von Gläsern und Deckeln zu entfernen. Gebt dafür 50 g Natron, 75 g Sonnenblumenöl und 20 g Spülmittel in den und vermengt alles **10 Sek. | Stufe 5**. Füllt den Mix in ein Glas à 200 ml. Tragt die Paste dann mit einem Pinsel auf die Etiketten auf und lasst das Mittel 5–10 Min. einwirken. Anschließend mit einem feuchten Tuch abwischen. Falls nötig, den Vorgang wiederholen.

Fotos: Anna Gieseler (2); Archiv (1)

Erntefrische große Portionen

Wie ihr die frische Obsternte mit dem Monsieur Cuisine gelingsicher verarbeitet und eure Vorratskammer befüllt

ÜBER 2 KILO MARMELADE!

XXL-Marmelade

Unser XXL-Rezept ist die ideale Basis für bis zu 1800 g Obst, das wir mit 900 g Gelierzucker (2 : 1) zu einem Fruchtaufstrich verarbeiten. Das Ergebnis: satte 11 Gläser à 200 ml! Der Trick: Gebt zunächst nur die Hälfte der Früchte in den [Mixtopf] und zerkleinert sie. Anschließend die zweite Hälfte zufügen und ebenfalls zerkleinern, so entsteht eine große Menge Fruchtpüree. Der [Mixtopf] ist nach der Zugabe des Gelierzuckers sehr gut gefüllt. Zu beachten: Nach dem Aufkochen ist der [Mixtopf] heiß – weil die Fruchtmasse aber sofort umgefüllt werden muss und der Topf schwer ist, verwendet einen Topfhandschuh oder greift den Topf mit der zweiten Hand am Kunststoffsockel.

Und so geht's:

Zunächst von 1800 g Früchten (wie z. B. Erdbeeren) die Hälfte – also 900 g – in den [Mixtopf] geben und **20 Sek. | Stufe 6** zerkleinern. Die übrigen 900 g Früchte zugeben und **20 Sek. | Stufe 6** zerkleinern. Mit dem [Spatel] nach unten schieben. Nun 900 g Gelierzucker (2 : 1) sowie den Saft von 1 Zitrone zugeben und ohne Messbecher **20 Min. | Stufe 2 | 100 °C** köcheln lassen, dabei den Kocheinsatz als Spritzschutz aufsetzen. Anschließend den Messbecher einsetzen und nach Belieben **20 Sek. | Stufe 6** pürieren. In 11 sterilisierte Gläser (à 200 ml) umfüllen, fest verschließen und abkühlen lassen.

>**HALTBARKEIT** Kühl und dunkel gelagert ist die Marmelade ca. 1 Jahr haltbar.

Aromenvielfalt

Zusätzlich zu den Früchten könnt ihr für einen spritzigen Geschmack Zitronen- oder Limettensaft sowie -abrieb zugeben. Auch Vanillezucker oder Zimtzucker, Kardamom oder Tonkabohne verfeinern Marmeladen. Hier könnt ihr kreativ werden!

Kleinste Restmengen

So verwandelt ihr eine Handvoll Früchte in eine Kostbarkeit

1 Glas Marmelade aus „Restbeeren"

Das Beste an diesem Rezept: Ab sofort braucht ihr nie wieder Obstreste wegzuwerfen, sondern macht ruckzuck einen schnellen Fruchtaufstrich selbst. Außerdem braucht es keinen Gelierzucker in der Vorratskammer, denn wir verwenden einfach eine Geheimzutat: Chiasamen (oder Leinsamen). Mit diesem Rezept könnt ihr also auch spontan am Sonntagmorgen noch schnell einen Aufstrich zubereiten oder ein Last-minute-Geschenk herstellen.

Und so geht's:

3 EL Chiasamen in den \≡/ geben und **10 Sek. | Stufe 10** schroten. Nun 200 g Früchte (z. B. Himbeeren, Erdbeeren oder andere), 2 EL Vanillezucker sowie 2 EL Zitronensaft zugeben und **1 Min. | Stufe 8** pürieren. Den fertigen Aufstrich in ein steriles Glas füllen und 5 Min. quellen lassen.

>**HALTBARKEIT** Im Kühlschrank aufbewahrt ist die schnelle Konfitüre etwa 1 Woche haltbar.

Ohne *Gelierzucker*

Chia- oder Leinsamen sind die Basis für schnelle Konfitüre aus dem Monsieur Cuisine

Andicken ganz natürlich

Chia- und Leinsamen eignen sich so gut zum Einmachen, weil sie die Fähigkeit haben, Flüssigkeit aufzunehmen und zu binden. Dadurch erzeugen sie gelartige Konsistenzen, sobald sie mit Flüssigkeiten wie Fruchtsaft oder Fruchtpürees in Kontakt kommen. Das macht sie zu einem natürlichen Bindemittel und so ideal für die Zubereitung von Konfitüren, Kompotten und Gelees!

Das Gesund-Plus

Stellt ihr Konfitüre mit Chia- oder Leinsamen her, verpasst ihr euren Fruchtaufstrichen eine Extraportion Ballaststoffe und Omega-3-Fettsäuren. Außerdem könnt ihr auf diese Weise zuckerfreie oder zuckerreduzierte Aufstriche herstellen. Die Süße könnt ihr jederzeit nach Belieben selbst bestimmen und Zucker zufügen.

Top-3-Tipps

1. Hohe Qualität: Chia- und Leinsamen findet ihr im Supermarkt oder in der Drogerie bei den Kernen und Körnern, meist auch in guter Bio-Qualität – zum Beispiel von REWE Bio oder Alnatura.

2. Einfrieren: Solltet ihr eure Chia- oder Leinsamen nicht sofort vollständig aufbrauchen, verpackt sie luftdicht in einem gefrierfesten Beutel oder Gefäß und friert sie ein. So gelagert halten sie deutlich länger. Sie sind sofort wieder einsatzbereit und müssen nicht aufgetaut werden.

3. Pulverisieren: Dadurch, dass die Samen im Monsieur Cuisine pulverisiert werden, erhalten Fruchtaufstriche keine körnige Textur, sondern werden seidig und glatt.

Fotos: Anna Gieseler (4); Adobe Stock/Sviatlana (1)

SERVICE

EURE REZEPTE *mit dem Monsi*

DIPS

In dieser neuen Serie seht ihr, wie einfach eure Lieblingsrezepte von Omi oder Mutti auch im Monsi gelingen

Ihr möchtet ein Lieblingsrezept im Monsieur Cuisine zubereiten, habt aber nur die klassische Textfassung ohne Stufen- und Zeitangaben? Hier seht ihr Step by Step, wie euch eure Familien-Favoriten zukünftig im Zaubertopf ganz einfach gelingen. Das Beste: Beim Mixen von Dips entfallen Schneidebrett und Messer, denn die Zubereitung findet vollständig im Mixtopf statt. Wir zeigen euch hier Schritt für Schritt, wie ihr jeden Dip im Monsi zubereiten könnt. Schneidet die Seite aus, heftet sie ab und habt eure Lieblingsrezepte so immer zur Hand!

1 Zerkleinern

z. B. Kräuter oder Gewürze

Als Erstes zerkleinert ihr Kräuter und Gewürze. Je nach Zutat variieren die Stufen und Zeiten. Als Faustformel gilt:

Ingwer, Knoblauch, Chili
3 Sek. | Stufe 8

Zwiebeln
5 Sek. | Stufe 8

Kräuter oder getrocknete Früchte
6 Sek. | Stufe 8

2 Anrösten

z. B. Öl, Butter oder Tomatenmark

Je nach Rezept folgt nun das Anrösten der Zutaten. Sollte dieser Schritt bei euch entfallen, könnt ihr direkt mit Schritt 3 weitermachen.

Öl, Butter, Currypaste oder Tomatenmark zugeben und **3 Min. | Stufe 1 | 120 °C** andünsten.

3 Vollenden

z. B. Quark, Schmand oder Käse

Nun könnt ihr die Basis eures Dips zugeben: z. B. Milchprodukte wie Quark oder Schmand, aber auch weiche Käsesorten wie Feta oder Frischkäse.

Gewürze, Senf, Zitronensaft, Essig, Zucker je nach Rezept ergänzen und **30 Sek. | Stufe 4–5** vermengen.

Kräuter, klein geschnittenes Gemüse oder Früchte hebt ihr am Ende **10 Sek. | Stufe 3** oder mit dem unter.

4 Abschmecken

Mit Sesam, Kräutern, Gewürzen, etwas Öl, Nüssen oder Zitrone verfeinern.

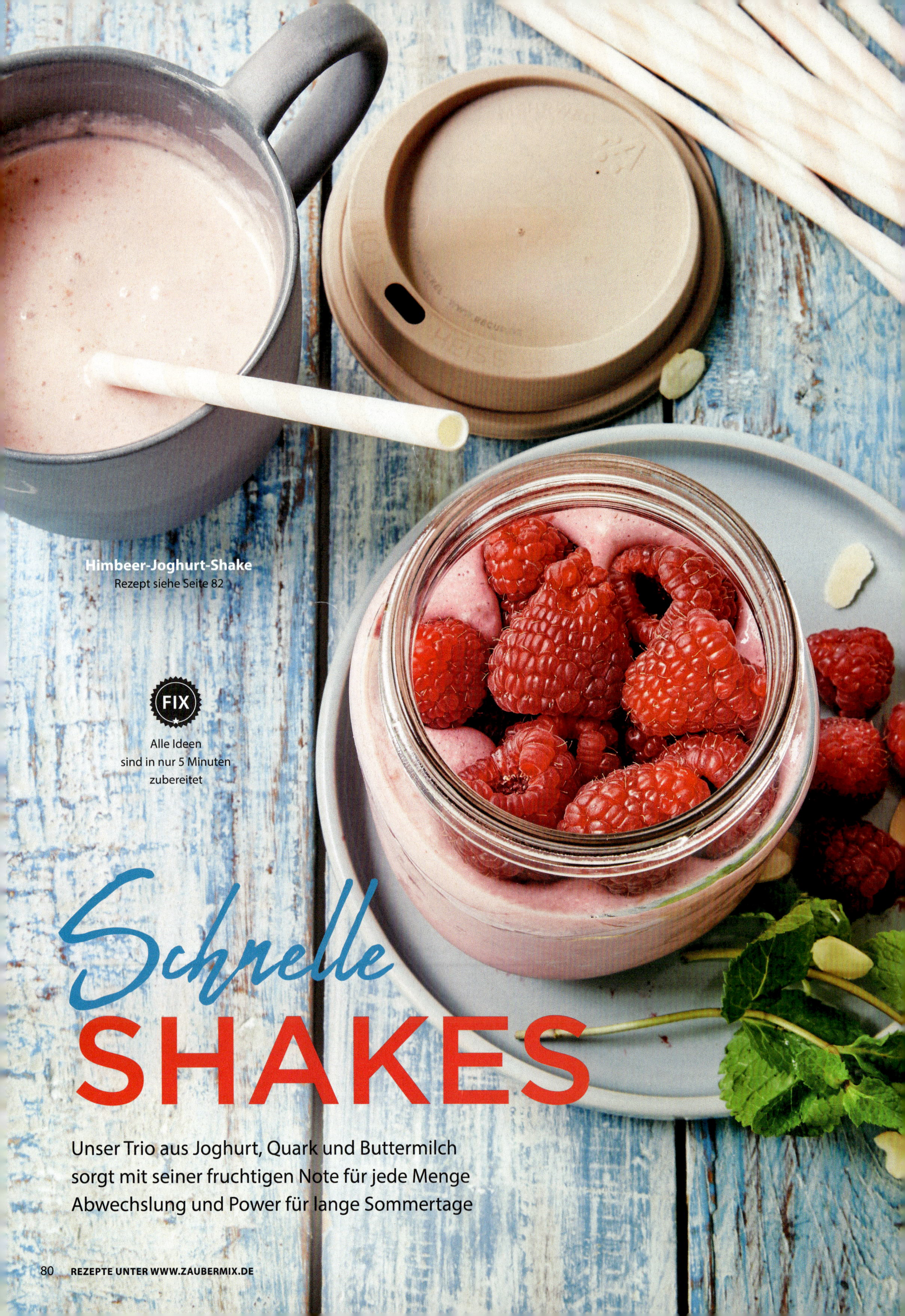

Himbeer-Joghurt-Shake
Rezept siehe Seite 82

FIX

Alle Ideen sind in nur 5 Minuten zubereitet

Schnelle SHAKES

Unser Trio aus Joghurt, Quark und Buttermilch sorgt mit seiner fruchtigen Note für jede Menge Abwechslung und Power für lange Sommertage

Kickstart *in den Tag*

Vanilleshake mit Quark

00:05 std : min

LOW FAT

PRO GLAS: 164 KCAL | 16 G E | 2 G F | 19 G KH

ZUTATEN FÜR 4 GLÄSER À 250 ML

- ★ **2 reife Bananen, in Stücken**
- ★ **2 TL Vanilleextrakt**
- ★ **400 g Quark**
- ★ **200 g Milch**

1 | Bananen und Vanilleextrakt im Mixtopf-Symbol **30 Sek.** | **Stufe 6** pürieren.

2 | Quark und Milch in den Mixtopf-Symbol geben und **1 Min.** | **Stufe 10** mixen. Shake in 4 Gläser füllen und sofort servieren.

Fotos: StockFood / Kirchherr, Jo (1); StockFood / Gräfe & Unzer Verlag / Tina Engel (1)

Verleih' dir mehr Energie

Hannah Redakteurin

Meine Kids lieben Shakes – und der Mousi ist im Dauereinsatz. Teuer kaufen? Kann ich mir sparen!

Himbeer-Joghurt-Shake

00 05 std : min

LOW CARB · LOW FAT

PRO GLAS: 183 KCAL | 9 G E | 8 G F | 19 G KH

ZUTATEN FÜR 4 GLÄSER À 250 G

- 300 g Himbeeren (TK)
- 1 EL Honig
- 1 TL Vanilleextrakt
- 500 g Joghurt
- 350 g Milch

1 | Himbeeren, Honig sowie Vanille in den geben und **20 Sek.** | **Stufe 8** zerkleinern. Mit dem nach unten schieben.

2 | Joghurt mit Milch zufügen und dann alles **30 Sek.** | **Stufe 5** cremig rühren. In Gläser füllen und servieren.

>VARIANTE Ihr könnt den Shake auch mit anderen TK-Beeren oder Obst zubereiten, je nach Lust und Laune.

Zitronen-Buttermilch-Shake

00 05 std : min

LOW CARB · LOW FAT

PRO GLAS: 181 KCAL | 9 G E | 1 G F | 30 G KH

ZUTATEN FÜR 4 GLÄSER À 250 ML

- 1000 g Buttermilch
- Saft und Abrieb von 1 unbehandelten Zitrone
- 85 g Honig
- 2 TL selbst gemachter Vanillezucker

Alle Zutaten in den geben und **1 Min.** | **Stufe 6** mixen. In 4 Gläser umfüllen und servieren.

>COOLE IDEE Wenn es draußen schon warm wird, könnt ihr auch einen Teil der Buttermilch vorher in Eiswürfelbehältern einfrieren und dann einfach mitmixen – so bleibt der Shake schön kalt, ohne durch Eiswürfel zu verwässern.

Fotos: StockFood / Kirchherr, Jo (1); StockFood / Rees, Peter (1); Archiv (1)

aliva
apotheke
NATUR PUR
Deine Basics für selbst gemachte Kosmetik
Bergland
Mandel-Öl
Lavendel fein*
PRIMAVERA
DERMASEL
TOTES MEER BADESALZ
PUR – DAS ORIGINAL
-10 %*
RABATT
aliva
apotheke
10 %* Rabatt auf ausgewählte Produkte:
www.aliva.de/c/themenwelten/zauberwelt
CODE:
Zauber-10
Nur für ZauberMix Fans
www.aliva.de/c/themenwelten/zauberwelt
Fotos: Aliva Apotheke (3) | *Der Rabatt gilt für Online-Bestellungen ab 50 €, nur für rezeptfreie Produkte der Kategorie Themenwelten / ZauberWelt, außer Bücher. Der Rabatt ist nicht mit anderen Geschenken & Aktionen kombinierbar, nur einmalig & nicht rückwirkend einlösbar. Keine Barauszahlung möglich. Einlösbar bis 31.12.2025. Angebote & Aktionsartikel nur solange der Vorrat reicht. Änderungen bei Druckfehlern vorbehalten.
Preise in Euro inkl. Mehrwertsteuer zzgl. Versandkosten. Auslieferung nur innerhalb Deutschlands.

COMMUNITY

Eure Post

Wir zeigen zauberhafte Momente aus euren Küchen!

Svenja Redakteurin

Ich freue mich über eure Nachrichten an redaktion@zaubermix.de

Prost Erdbeerzeit

„Auch super zum Verschenken“, „Mädelsabend gerettet“, „Super easy, super lecker“. Ihr seid euch alle einig: Erdbeer-Limes gehört mit in jede Erdbeersaison!

Habt ihr auch Lust bekommen, das Rezept nachzumixen? Dann scannt den Code und legt los!

„Ich habe den Spargel mit Schinken eingewickelt. Das hat gut funktioniert und ist sehr lecker.“

EINFACH SPITZE

Spargelzeit ist Genießerzeit – und ihr seid voll dabei! Die **ZauberMix** Community ist fleißig am Kochen. Einer eurer Favoriten: Spargel mit Kartoffeln und Sauce hollandaise. *„Da kommt ein Restaurant nicht so schnell dran“,* schwärmt Jürgen. Auch Gaby und Simone finden es großartig. Wir freuen uns riesig, wenn ihr eure leckeren Kreationen und Genussmomente mit uns teilt – das macht den Austausch bei **ZauberMix** so besonders!

„Der Salat hat uns sehr gut geschmeckt. Beim nächsten Mal bereite ich ihn mit Gabelspaghetti zu.“

Sommeranfang heißt: Salate, Salate, Salate! Und Schichtsalate sind nach wie vor total angesagt. **ZauberMix** Mitglied Birti hat den italienischen Spaghetti-Schichtsalat zubereitet und alle waren begeistert. Fürs nächste Mal hat sie eine tolle Idee: *„Ich probiere beim nächsten Mal Gabelspaghetti aus, dann kann man den Salat noch besser essen.“* Das ist ein großartiger Vorschlag! Wir sind echt begeistert, wie kreativ ihr immer werdet!

DIE GRILLSAISON IST ERÖFFNET

Endlich wieder Grillzeit – und was darf da nicht fehlen? Kräuterbutter! Selbst gemacht schmeckt sie einfach unschlagbar. Und ihr seid schon kräftig am Mixen – die Begeisterung ist riesig! Es macht so viel Spaß zu sehen, wie kreativ ihr seid und eure Ideen teilt. Genau das inspiriert uns jeden Tag aufs Neue. Also weiter so – wir freuen uns auf noch mehr köstliche Kreationen!

Fotos: Privat (10); Archiv (3)

monsieur cuisine by ZauberMix

www.zaubermix.de

IMPRESSUM

falkemedia GmbH & Co. KG, Pahlblöken 15–17,
24232 Schönkirchen
Tel. +49 431 200 766-0, Fax +49 431 20 07 66 50
E-Mail: redaktion@zaubermix.de, www.zaubermix.de

Herausgeber
Kassian Alexander Goukassian (v. i. S. d. P.)

Mitglied der Geschäftsleitung & Ltg. Marketing
Wolfgang Pohl

Chefredakteurin/Teamleitung
Vivien Koitka

Redaktion (redaktion@zaubermix.de)
Hannah Hold, Svenja Rudolf, Hanna Schliemann;
Chefin vom Dienst: Nicole Neumann
Redaktionsleitung: Dr. Tanja Lindauer

Rezeptentwicklung
Lukas Nissen, Elisa Schilling, Vera Schubert

Art-Direktion
Marleen Osbahr

Layout und Bildbearbeitung
Nina Damm, Mareike Wilke, Katharina Rudy

Lektorat Julia Voigtländer

Fotograf*innen dieser Ausgabe
Tina Bumann, Anna Gieseler,
Sandra Leibinger, Ira Leoni

Abonnementbetreuung
abo@zaubertopf.de, Tel. +49 431 200 766-0,
ZauberTopf Abo-Service, falkemedia GmbH & Co. KG,
Pahlblöken 15–17, 24232 Schönkirchen

Mediaberatung
Tim Schöneberg (tim@nicemountain.de), www.nicemountain.de,
Mobil +49 151 56 16 65 61

Silja Aicher (s.aicher@aichermediakontor.de), Aicher Mediakontor,
Tel. +49 40 52 59 51 80, Mobil +49 172 175 61 04

Martin Wetzel (Martin.Wetzel@brmedien.de),
Tel. +49 2241 17 74 14, Fax +49 2241 17 74 20

Sascha Eilers (s.eilers@falkemedia.de), Tel. +49 4340 49 93 79,
Mobil +49 151 53 83 44 12, Fax +49 4340 49 93 91

Anzeigenkoordination
Dörte Schröder (d.schroeder@falkemedia.de), Tel. +49 431 20 07 66 12

Anzeigenpreise: Siehe Mediadaten 2025 unter www.zaubertopf.de

Produktionsmanagement/Druck
impress GmbH, www.impress-media.de

Vertrieb
DMV Der Medienvertrieb GmbH & Co. KG,
Meßberg 1, 20086 Hamburg

Vertriebsleitung
Hans Wies, DMV Der Medienvertrieb GmbH & Co. KG
(Hans.Wies@dermedienvertrieb.de)

Bezugsmöglichkeiten
Abo, Zeitschriften- und Buchhandel, Bahnhöfe, Flughäfen

Einzelpreis: 6,70 Euro (reguläres Heft), 11,49 Euro (Spezial)
Jahresabonnement: 59,90 Euro
Europäisches Ausland zzgl. 0,90 Euro je Ausgabe.
In den Preisen sind Mehrwertsteuer und Zustellung enthalten.
Bezogen auf 8 Ausgaben im Jahr inkl. E-Paper. Der Verlag behält sich
die Veränderung der Erscheinungsfrequenz vor.

Bei falkemedia erscheinen außerdem:
ZauberTopf, ZauberTopf EXTRA AirFryer,
So is(s)t Italien, NaturApotheke, Mac Life, BEAT,
DigitalPHOTO und BÜCHERmagazin.

© falkemedia, 2025 | www.falkemedia.de | ISSN 2510-392X

falkemedia
Wir begeistern Menschen.

RATESPASS

Während der Monsi etwas Leckeres für euch kocht, habt ihr Zeit, unser Rätsel zu lösen!

Lösungswort 2/25: FRUEHLINGSBRUNCH

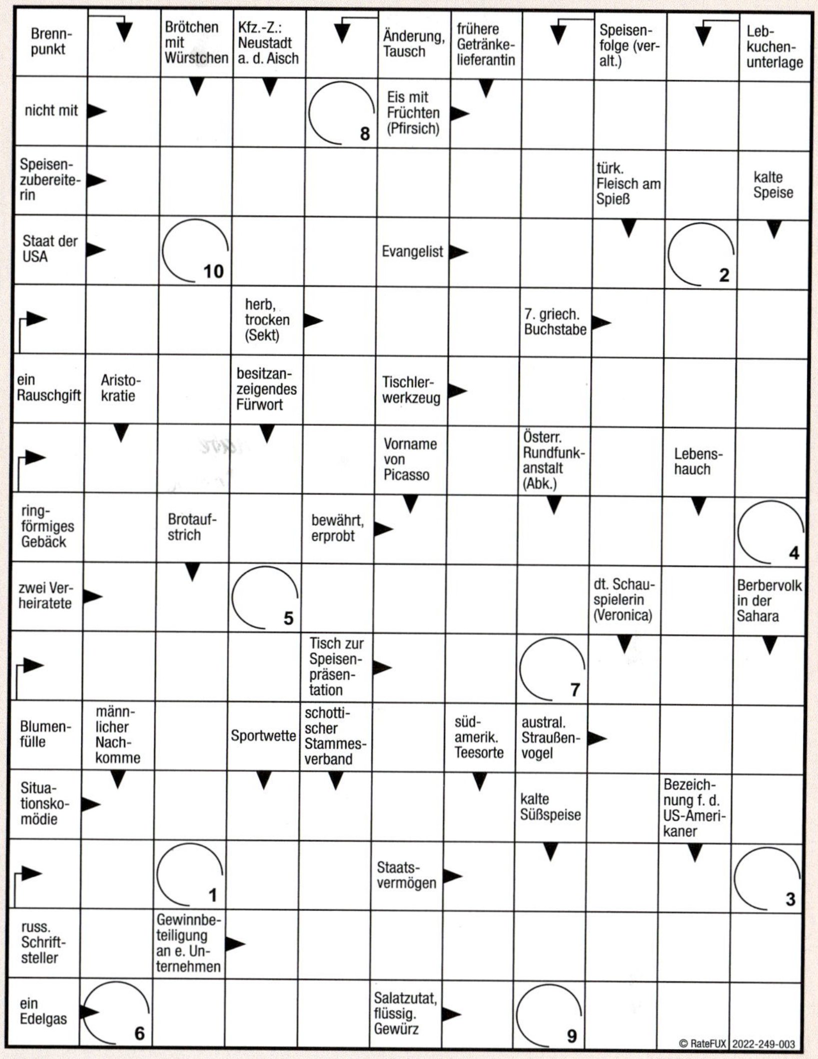

LÖSUNGSWORT:

1	2	3	4	5	6	7	8	9	10

DAS JAHRES-KOMBI-ABO INKL. E-PAPER

8 AUSGABEN + E-PAPER UND PRÄMIE NACH WAHL

+

6 AUSGABEN
+ 2 Sonderausgaben
Print inkl. E-Paper
59,90 €

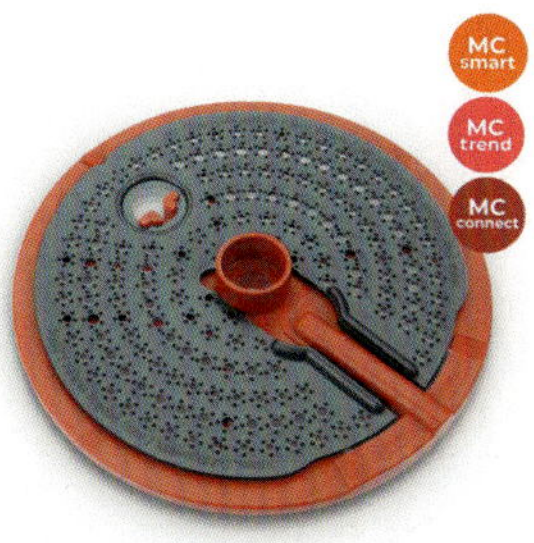

WUNDERPEELER® V2

Der Kartoffelschäler ermöglicht es, Gemüse bequem mit der Power des Monsieur zu schälen. Das spart Zeit und Mühe. In unter 5 Minuten ist so 1 Kilo fertig zum Kochen.
Ohne Zuzahlung, ~~24,90~~ Euro
Prämien-ID: F1520

BROT BACKBUCH

Knusprig und frisch gebacken – ab jetzt gelingen dir die besten Brote und Brötchen mit dem Monsieur Cuisine. Mit 65 Rezepten und vielen wertvollen Tipps und Tricks.
Ohne Zuzahlung, ~~14,90~~ Euro
Prämien-ID: F1533

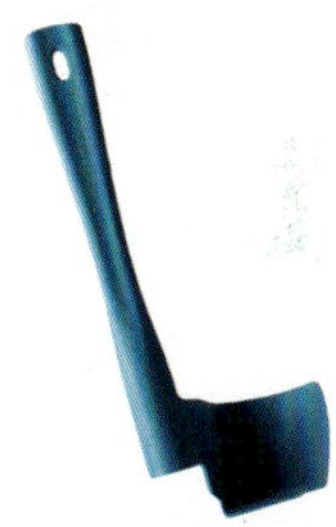

CALOTTI® DREHKELLENSPATEL

Passt perfekt in den Mixtopf: Seine Form schmiegt sich an die Topfwand und dreht sich mit dem Messer mit. So lässt sich das Mixgut besonders effizient herausnehmen.
Ohne Zuzahlung, ~~19,95~~ Euro
Prämien-ID: F1521

JETZT BESTELLEN UNTER:
www.zaubermix.de/kombiabo

Bestellnummer: MC22ONEE

* Diese Angaben gelten nur innerhalb Deutschlands. Alle Prämien erhältlich, nur so lange der Vorrat reicht. Originalprodukt kann von Abbildung abweichen.

Fotos: Archiv

AUF DEN TISCH

Grillen, wo ihr wollt – auf dem Balkon, der Terrasse oder direkt am Tisch. Der kompakte Tischgrill „Tamber“ passt überallhin und ermöglicht BBQ ganz ohne Qualm. Perfekt für spontane Genuss-Abende mit gutem Essen. Ca. 100 Euro, www.feuerhand.de

AB NACH DRAUSSEN

SPEZIAL

EINLADUNG ZUM GRILLFEST

20 Ideen FÜRS BBQ

Macht euch bereit für den besten Sommer! Mit unglaublich leckeren Rezepten, die jeden Moment unvergesslich machen. Weniger Aufwand, mehr Geschmack – genau das, was ihr für gesellige Stunden braucht

Fotos: siehe Rezeptseiten; Feuerhand (1)

GLOSSY HONIG-MARINADE

Die Marinade ist blitzschnell gemixt und bringt mit wenigen Zutaten maximalen Geschmack. Der Honig ist dabei das kleine Geheimnis: Er verleiht den Steaks eine unwiderstehliche Karamellnote. Einfach, schnell und unglaublich lecker!

Schnelle Schweinerei vom Grill

Rezept siehe Seite 94

ALLES ANDERE ALS SPIESSIG

Grillbrot nach Lust und Laune!
Rezepte ab Seite 96

Gewürzgurken-Zaziki
Rezept siehe Seite 104

Halloumi-Bacon-Spieße mit Paprika-Salat
Rezept siehe Seite 94

ZUM TEILEN UND SCHLEMMEN

TITELREZEPT

DIESES REZEPT IST AB SOFORT ALS **GUIDED COOKING REZEPT** VERFÜGBAR!

BBQ-Chicken-Wings mit Smashed Potatoes

Rezept siehe Seite 93

BBQ-Chicken-Wings mit Smashed Potatoes

01 | 10 std : min

LOW CARB LOW FAT

PRO PORTION: 1315 KCAL | 41 G E | 97 G F | 69 G KH

ZZGL. 1 STD. RUHEZEIT

ZUTATEN FÜR 4 PERSONEN

FÜR DIE CHICKEN WINGS
- **150 g BBQ-Soße**
- **50 g Honig**
- **100 g Olivenöl**
- **2 TL edelsüßes Paprikapulver**
- **1 TL Knoblauchpulver**
- **Salz**
- **Pfeffer**
- **500 g Hähnchenflügel**

FÜR DIE SMASHED POTATOES UND DEN DIP
- **1000 g Wasser**
- **1000 g Drillinge**
- **400 g Schmand**
- **3 EL Schnittlauch, in Röllchen**
- **3 EL Zitronensaft**
- **2 Knoblauchzehen**

FÜR DEN SALAT
- **200 g Kirschtomaten, halbiert**
- **1 Salatgurke, in Würfeln**
- **250 g Mini-Mozzarella**
- **1 rote Zwiebel, in Würfeln**
- **3 EL Öl**
- **1 EL Balsamicoessig**

1 Für die Chicken Wings BBQ-Soße, Honig, 20 g Öl, Paprikapulver, Knoblauchpulver, ½ TL Salz und 3 Prisen Pfeffer im **10 Sek. | Stufe 4** vermengen. Hähnchenflügel mit der Marinade vermengen und 1 Std. kalt stellen.

2 Den spülen und mit dem Wasser füllen. Drillinge im tiefen Dampfgaraufsatz verteilen, diesen verschlossen aufsetzen und **25 Min. |** garen. Für den Dip Schmand, Schnittlauch, Zitronensaft, ½ TL Salz und 3 Prisen Pfeffer vermengen. Bis zum Servieren kalt stellen.

3 Den Ofen auf 200 °C Ober-/Unterhitze vorheizen. Ein Blech mit Backpapier belegen. Den Dampfgaraufsatz absetzen, den leeren. Knoblauchzehen im **5 Sek. | Stufe 8** zerkleinern, mit dem nach unten schieben. 80 g Öl zufügen, **3 Min. | Stufe 1 | 100 °C** andünsten.

4 Öl durch ein Sieb abgießen, Knoblauch und Öl auffangen. Kartoffeln aufs Blech geben, zerdrücken. Mit Knoblauchöl bepinseln, salzen und ca. 25 Min. knusprig backen. In den letzten 10 Min. Knoblauch auf den Kartoffeln verteilen.

5 Für den Salat alle Zutaten mit je 3 Prisen Salz und Pfeffer vermengen. Chicken Wings auf dem Grill von beiden Seiten grillen. Mit Salat, Kartoffeln sowie Dip anrichten und servieren.

SUPERTASTY

Die Kidneybohnen und der Gouda geben dem Patty eine herzhafte, fast fleischige Textur, die den klassischen Burger perfekt imitiert. Die Kombination aus Zwiebeln, Knoblauch und Kräutern sorgt für die bekannte Burger-Würze, während die BBQ-Note beim Grillen dem Patty eine rauchige Tiefe verleiht – genauso unwiderstehlich wie das Original!

DER BESTE vegetarische BBQ-Burger – merkt keiner!

00 | 25 std : min

LOW CARB LOW FAT

PRO STÜCK: 413 KCAL | 21 G E | 17 G F | 52 G KH

ZUTATEN FÜR 8 STÜCK

FÜR DIE PATTYS
- **100 g Gouda, in Stücken**
- **20 g Petersilienblättchen**
- **1 Zwiebel, halbiert**
- **1 Knoblauchzehe**
- **500 g Kidneybohnen (Dose), abgetropft**
- **1 EL Tomatenmark**
- **1 TL mittelscharfer Senf**
- **1 EL BBQ-Gewürz**
- **1 TL Salz**
- **3 Prisen Pfeffer**
- **100 g Paniermehl**
- **2 Eier**
- **2 EL Olivenöl**

FÜR DIE BURGER-SOSSE
- **75 g Mayonnaise**
- **75 g Tomatenketchup**

1 Den Gouda in den geben, **10 Sek. | Stufe 8** zerkleinern und umfüllen.

2 Petersilie, Zwiebel sowie Knoblauch in den geben, **5 Sek. | Stufe 8** zerkleinern und mit dem nach unten schieben. Die Kidneybohnen, Tomatenmark, Senf sowie Gewürze zufügen, erneut **10 Sek. | Stufe 8** zerkleinern und mit dem nach unten schieben.

3 Paniermehl, Gouda sowie Eier in den geben und alles **10 Sek. | Stufe 4** vermengen. Bei Bedarf noch etwas Paniermehl untermischen.

4 Aus der Mischung mit feuchten Händen 8 Pattys formen, mit Öl bepinseln und auf dem Grill von jeder Seite ca. 5 Min. goldbraun grillen. Für die Burger-Soße Mayonnaise mit Ketchup verrühren und servieren.

Fotos: Ira Leoni (1); Tina Bumann (1)

Halloumi-Bacon-Spieße mit Paprika-Salat

00 35 std : min

PRO PORTION: 532 KCAL | 42 G E | 35 G F | 16 G KH

ZUTATEN FÜR 4 PERSONEN

FÜR DEN PAPRIKA-SALAT
* **2 rote Zwiebeln, halbiert**
* **6 bunte Paprikaschoten, in Stücken**
* **4 EL Olivenöl**
* **2 EL Essig**
* **2 TL mittelscharfer Senf**
* **2 TL Zucker**
* **Salz**
* **Pfeffer**
* **Petersilie zum Garnieren**

FÜR DIE HALLOUMI-BACON-SPIESSE
* **16 Scheiben Bacon**
* **400 g Halloumi, in ca. 2 cm großen Würfeln**
* **1 gelbe Paprikaschote, in Stücken**
* **1 Zucchini (ca. 200 g), in Scheiben**

AUSSERDEM
* **8 Holz- oder Metallspieße**
* **700 g Gewürzgurken-Zaziki (siehe Seite 104)**

1 Für den Salat Zwiebeln in den geben, **5 Sek.** | **Stufe 8** zerkleinern. Mit dem nach unten schieben. Restliche Salatzutaten, 1 TL Salz sowie 3 Prisen Pfeffer zufügen und **3–4 Sek.** | **Stufe 6** zerkleinern. Ggf. erneut **1–2 Sek.** | **Stufe 6** zerkleinern. Umfüllen und mit Petersilie garnieren.

2 Für die Spieße Bacon-Scheiben um den Halloumi wickeln, abwechselnd mit Paprika und Zucchini auf die Spieße stecken. Mit Salz und Pfeffer würzen. Von allen Seiten grillen, bis der Bacon schön geröstet ist. Mit Salat, ggf. Brot und Zaziki servieren.

>**TIPP** Wir servieren hier das angesagte Gewürzgurken-Zaziki von Seite 104 zu den würzigen Halloumi-Spießen und als Brotbeilage gibt's Grillbrot – wie von Seite 97 – aber ganz puristisch ohne die Füllung.

Schnelle Schweinerei vom Grill

00 20 std : min

PRO STÜCK: 497 KCAL | 36 G E | 37 G F | 6 G KH

ZUTATEN FÜR 8 STÜCK

* **5 Knoblauchzehen**
* **100 g Olivenöl**
* **60 g mittelscharfer Senf**
* **60 g Tomatenketchup**
* **30 g flüssiger Honig**
* **20 g Apfelessig**
* **3 TL Salz**
* **1½ TL Pfeffer**
* **2 TL Currypulver**
* **8 Schweinenackensteaks (à ca. 180 g)**

1 Den Knoblauch im **5 Sek.** | **Stufe 8** zerkleinern. Mit dem nach unten schieben.

2 Die übrigen Zutaten, bis auf das Fleisch, in den geben und **20 Sek.** | **Stufe 5** vermengen. Die Steaks in einer Dose mit der Marinade vermengen und bis zum Grillen kalt stellen.

3 Die Steaks vor dem Grillen Zimmertemperatur annehmen lassen. Steaks auf den Grill legen und von beiden Seiten einige Minuten grillen. Anschließend bei indirekter Hitze kurz ruhen lassen, dann servieren.

>**DURCHZIEHEN** Je länger die Marinade einzieht, desto intensiver wird der Geschmack der Steaks. Lasst sie am besten über Nacht marinieren, bis zum Grillen am Mittag oder Abend sind sie dann perfekt durchgezogen.

Sylt-Currywurst „Sansibar"-Style

00 30 std : min

PRO PORTION: 555 KCAL | 26 G E | 47 G F | 9 G KH

ZUTATEN FÜR 8 PERSONEN

* **1 Zwiebel, halbiert**
* **20 g Butter**
* **10 g Zucker**
* **15 g Currypulver**
* **15 g Tomatenmark**
* **50 g Gewürzgurken, in Stücken**
* **350 g passierte Tomaten**
* **150 g Tomatenketchup**
* **1 TL Apfelessig**
* **1 Spritzer Sojasoße**
* **1 TL Gemüse-Gewürzpaste**
* **2 Prisen Cayennepfeffer**
* **8 Würste (z.B. Bockwurst oder feine Bratwurst)**

1 Zwiebel in den geben und **5 Sek.** | **Stufe 8** zerkleinern und mit dem nach unten schieben. Butter, Zucker sowie Currypulver zufügen und **3 Min.** | **Stufe 1** | **120 °C** andünsten. Tomatenmark zugeben und **1 Min.** | **Stufe 1** | **120 °C** weiterdünsten.

2 Die Gewürzgurken zufügen und **3 Sek.** | **Stufe 5** zerkleinern. Mit dem nach unten schieben. Die übrigen Zutaten, bis auf die Würste, zugeben und die Soße **10 Min.** | | **Stufe 2** | **100 °C** köcheln lassen, dabei den Kocheinsatz als Spritzschutz aufsetzen.

3 In der Zwischenzeit die Würste auf dem Grill von beiden Seiten goldbraun grillen, dabei zwischendurch wenden. Currywurst mit Soße servieren. Die übrige Soße noch heiß in saubere Schraubgläser füllen und verschließen.

>**TIPP** Zu der Currywurst passen perfekt knusprige Pommes aus dem Airfryer.

Mein neuer Sommerhit dieses Jahr? Definitiv die Sylt-Currywurst – und das Beste: Ich genieße sie ganz einfach auf meiner Terrasse.

GENUSS WIE AUF SYLT

KULT-CURRYWURST

Das Geheimnis einer richtig guten Currywurst? Die Soße! Hier mixen wir die legendäre Currysoße des berühmten Strandrestaurants „Sansibar" auf der Nordseeinsel Sylt, damit ihr Meeresfeeling auch zu Hause genießen könnt. Besondere Zutaten sind Gewürzgurken, Sojasoße und natürlich Currypulver.

Fotos: Ira Leoni (1); Tina Bumann (2); Archiv (2)

Neue Brot-Trends FÜR DEN GRILL

Für unsere fünf Grillbrote wenden wir clevere Kniffe und Backtricks an, um ganz unterschiedliche und unfassbar leckere Ergebnisse zu erzielen. Die machen jedem gekauften Produkt locker Konkurrenz!

ERST FÜLLEN, DANN BACKEN
Anstatt das Brot erst nach dem Backen zu verfeinern, geben wir die Füllung vor dem Backen auf den rohen Teig und formen dann die Fladen. Dabei wird die Füllung gänzlich von Teig umhüllt. Beim Grillen geht der Hefeteig auf, wird schön luftig und sorgt dafür, dass die Füllung im Inneren erhitzt wird, ohne auszulaufen.

Gefülltes Tomate-Mozzarella-Grillbrot

00 40 std : min

LOW CARB LOW FAT

PRO STÜCK: 625 KCAL | 25 G E | 30 G F | 67 G KH

ZZGL. 1 STD. RUHEZEIT

ZUTATEN FÜR 4 STÜCK

FÜR DEN TEIG
- **150 g Wasser**
- **20 g frische Hefe**
- **1 TL Zucker**
- **300 g Weizenmehl Type 405 zzgl. etwas zum Bearbeiten**
- **1 EL Olivenöl**
- **Salz**

FÜR DAS PESTO
- **50 g Pinienkerne**
- **50 g Parmesan, in Stücken**
- **1 Knoblauchzehe**
- **Blättchen von 10 Stielen Basilikum**
- **150 g getrocknete Tomaten in Öl (Glas), abgetropft**
- **2 EL Olivenöl**
- **2 Prisen Pfeffer**

FÜR DIE FÜLLUNG
- **250 g Mozzarella, in Scheiben**
- **25 g Rucola**
- **2 EL Olivenöl zum Bestreichen**
- **1 EL getrocknete italienische Kräuter zum Bestreichen**

1 | Für den Teig Wasser, Hefe sowie Zucker in den geben und **3 Min.** | **Stufe 1** | **37 °C** erwärmen. Mehl, Öl und ½ TL Salz zugeben und **2 Min.** | verkneten. Den Teig umfüllen und an einem warmen Ort ca. 1 Std. gehen lassen, bis sich das Volumen verdoppelt hat.

2 | Für das Pesto die Pinienkerne in einer Pfanne ohne Fett anrösten und abkühlen lassen. Anschließend zusammen mit Parmesan sowie Knoblauch im **10 Sek.** | **Stufe 10** zerkleinern. Mit dem nach unten schieben. Die restlichen Zutaten mit 2 Prisen Salz zugeben und **15 Sek.** | **Stufe 8** zerkleinern.

3 | Teig durchkneten, in 4 Portionen teilen, jede ca. 0,5 cm dick ausrollen und mit Pesto bestreichen, dabei einen Rand lassen. Mittig mit Mozzarella und Rucola belegen, den Teigrand ringsum über der Füllung zusammenschlagen und vorsichtig verschließen. Öl mit getrockneten Kräutern vermengen und die Brote bestreichen. Auf dem heißen Grill, erst auf der Verschluss-Seite, beidseitig ca. 6 Min. grillen und servieren.

MARINADE FÜRS BROT

Hier entsteht ein Doppeldecker aus Teig und Knofi-Marinade: Wir streichen einen Würz-Mix aus Olivenöl, frischen Kräutern und drei Knoblauchzehen großzügig auf den ausgerollten Hefeteig – zuerst auf den unteren Fladen, dann auf den oberen Teigling. Die Marinade sorgt dafür, dass der Knofifladen extrasaftig gelingt.

Knofi-Fladen zum Grillen

00 45 std : min

LOW CARB LOW FAT

PRO STÜCK: 143 KCAL | 3 G E | 5 G F | 22 G KH

ZZGL. 1 STD. RUHEZEIT

ZUTATEN FÜR 1 BROT À 18 STÜCKE

FÜR DAS KRÄUTERÖL
- **3 Knoblauchzehen**
- **50 g frische Kräuter (z. B. Basilikum, Petersilie, Rosmarin, Schnittlauch)**
- **80 g Olivenöl**
- **Salz**
- **3 Prisen Pfeffer**

FÜR DEN TEIG
- **250 g Wasser**
- **20 g frische Hefe**
- **1 TL Zucker**
- **500 g Weizenmehl Type 405 zzgl. etwas zum Bearbeiten**

1 | Für das Öl Knoblauch mit Kräutern im **5 Sek.** | **Stufe 8** zerkleinern. Mit dem nach unten schieben. Öl, 1 TL Salz und Pfeffer zugeben, **5 Sek.** | **Stufe 4** vermengen. Umfüllen, beiseitestellen. Den spülen.

2 | Für den Teig Wasser, Hefe sowie Zucker im **3 Min.** | **Stufe 1** | **37 °C** erwärmen. Mehl mit 1 TL Salz zugeben und **2 Min.** | kneten. Den Teig umfüllen und an einem warmen Ort ca. 1 Std. gehen lassen, bis sich das Volumen verdoppelt hat.

3 | Backofen auf 200 °C Ober-/Unterhitze vorheizen und ein Blech mit Backpapier belegen. Den Teig auf der bemehlten Arbeitsfläche durchkneten und halbieren. Den ersten Teigling rund ausrollen (ca. Ø 30 cm), auf das Blech legen und mit der Hälfte des Kräuteröls bestreichen, dabei einen Rand freilassen. Zweiten Teigling ebenfalls rund ausrollen, über den ersten auf das Blech legen und leicht andrücken. Mit dem restlichen Öl bestreichen und im heißen Backofen ca. 25 Min. backen.

Fotos: Anna Gieseler (2)

Käsebaguette aus 5 Zutaten zum Grillen

00 45
std : min

LOW CARB LOW FAT

PRO SCHEIBE: 108 KCAL | 5 G E | 3 G F | 16 G KH

ZZGL. 1 STD. 15 MIN. RUHEZEIT

ZUTATEN FÜR 2 BROTE (À 12 SCHEIBEN)

- **200 g Emmentaler, in Stücken**
- **250 g Wasser**
- **20 g frische Hefe**
- **500 g Weizenmehl Type 405 zzgl. etwas zum Bearbeiten**
- **1 TL Salz**

1 | Käse in den Mixtopf geben, **10 Sek. | Stufe 8** zerkleinern und umfüllen. Für den Hefeteig Wasser mit Hefe in den Mixtopf geben und **3 Min. | Stufe 1 | 37 °C** erwärmen. Mehl, Salz sowie Käse, bis auf 4 EL zum Bestreuen, zugeben und die Zutaten **2 Min. |** Knetstufe verkneten. Den Teig umfüllen und an einem warmen Ort ca. 1 Std. gehen lassen, bis sich das Volumen verdoppelt hat.

2 | Den Backofen auf 200 °C Ober-/Unterhitze vorheizen und ein Blech mit Backpapier belegen. Den Teig auf der bemehlten Arbeitsfläche durchkneten und zu 2 Baguettes formen. Die Brote auf das Blech legen, an der Oberfläche mehrfach schräg einschneiden und mit Käse bestreuen. Nochmals 15 Min. gehen lassen und anschließend im heißen Backofen ca. 25 Min. backen.

>TIPP Nach Belieben können die Baguettes vor dem Backen noch mit getrockneten italienischen Kräutern bestreut werden.

DOPPELTER KÄSE

Der Clou bei diesem Baguette? Käse im Teig und als Topping! Der Monsieur Cuisine zerkleinert den Käse blitzschnell, sodass er sich gleichmäßig im Teig verteilt und einen intensiven, würzigen Geschmack garantiert. Der kurz vor dem Backen aufgestreute Käse sorgt für den goldbraunen Extra-Crispy-Effekt.

Cheese Bites

LOW CARB | LOW FAT

01:00 std : min

PRO STÜCK: 126 KCAL | 5 G E | 8 G F | 10 G KH

ZUTATEN FÜR 20 STÜCK

- ★ **90 g kalte Butter, in Stücken, zzgl. etwas zum Fetten**
- ★ **200 g Cheddar, in Stücken**
- ★ **250 g Weizenmehl Type 405 zzgl. etwas zum Bearbeiten**
- ★ **15 g Backpulver**
- ★ **1 TL Salz**
- ★ **150 g Milch**
- ★ **1 verquirltes Ei zum Bestreichen**
- ★ **1 Knoblauchzehe**
- ★ **1 TL getrocknete italienische Kräuter**

AUSSERDEM

- ★ **Auflaufform (30 × 20 cm)**

1 | Den Backofen auf 200 °C Ober-/Unterhitze vorheizen. Die Auflaufform fetten.

2 | Cheddar im **10 Sek. | Stufe 8** zerkleinern und umfüllen. Mehl, Backpulver, Salz sowie 50 g Butter in den geben und **15 Sek. | Stufe 5** vermengen. Milch zugeben und **20 Sek. | Stufe 4** vermengen.

3 | Den Teig halbieren und auf einer bemehlten Arbeitsfläche zwei Rechtecke ausrollen (ca. 30×20 cm). Einen Teig in die Auflaufform legen, ¾ des Käses darauf verteilen und mit dem zweiten Teig bedecken. Mit einem Messer in 20 kleine Quadrate schneiden. Den Teig mit dem verquirlten Ei bestreichen und mit restlichem Käse bestreuen. Im heißen Ofen etwa 30 Min. backen. Den spülen.

4 | Inzwischen für die Knoblauchbutter Knoblauch im **2 Sek. | Turbo** zerkleinern. Restliche 40 g Butter sowie die getrockneten Kräuter zugeben und **2 Min. | Stufe 1 | 60 °C** zerlassen. Cheese Bites aus dem Ofen nehmen, mit Kräuterbutter bestreichen und servieren.

Cooler Snack fürs BBQ!

OHNE WARTEN

Der einfache Teig für unsere Cheese Bites kommt ohne Hefe aus, stattdessen verwenden wir Backpulver. Das Mehl wird nur kurz mit Butter und Milch vermengt, damit er nicht zu fest wird. Auch beim Ausrollen solltet ihr ihn nicht mehr zu stark bearbeiten, damit die Bites später soft gelingen.

Fotos: Anna Gieseler (2)

Schnelles Zupf-Fladenbrot

00 50 std : min

LOW CARB LOW FAT

PRO STÜCK: 96 KCAL | 3 G E | 2 G F | 17 G KH

ZZGL. 1 STD. 15 MIN. RUHEZEIT

ZUTATEN FÜR 1 BROT À 24 STÜCKE

FÜR DEN TEIG
- ★ 150 g Wasser
- ★ 150 g Milch
- ★ 20 g frische Hefe
- ★ 1 TL Zucker
- ★ 500 g Weizenmehl Type 405 zzgl. etwas zum Bearbeiten
- ★ Salz

FÜR DIE KRÄUTERBUTTER
- ★ 2 Knoblauchzehen
- ★ 40 g frische Kräuter (z.B. Basilikum, Petersilie, Schnittlauch)
- ★ 50 g Butter
- ★ 2 Prisen Pfeffer

1 | Für den Teig Wasser, Milch, Hefe und Zucker in den Mixtopf geben, **3 Min. | Stufe 1 | 37°C** erwärmen. Mehl mit 1 TL Salz zugeben und **2 Min.** | Teigstufe kneten. Den Teig umfüllen und an einem warmen Ort ca. 1 Std. gehen lassen, bis sich das Volumen verdoppelt hat. Den Mixtopf spülen.

2 | Inzwischen für die Kräuterbutter den Knoblauch mit Kräutern im Mixtopf **5 Sek. | Stufe 8** zerkleinern. Mit dem Spatel nach unten schieben. Butter, ½ TL Salz sowie Pfeffer zugeben und **3 Min. | Stufe 2 | 60°C** zerlassen.

3 | Den Backofen auf 200 °C Ober-/Unterhitze vorheizen und ein Blech mit Backpapier belegen. Den Teig auf der bemehlten Arbeitsfläche durchkneten und rund ausrollen. Auf das Blech geben und mit einem Pizzaschneider 1 cm tief ein rautenförmiges Muster in den Teig schneiden. Noch mal 15 Min. gehen lassen.

4 | Das Brot mit der Hälfte der Butter bestreichen und im heißen Backofen ca. 25 Min. backen. Aus dem Ofen nehmen, mit der restlichen Kräuterbutter bestreichen und servieren.

CLEVERE SCHNITTE

Das Einschneiden des Teigs bringt gleich drei Vorteile: Die geschmolzene Kräuterbutter kann tief in den Teig ziehen und sorgt so für ein starkes Kräuteraroma und eine saftige Textur. Zudem wird das Brot gleichmäßig gebacken und lässt sich nach dem Backen mühelos in mundgerechte Stücke zupfen – perfekt zum Teilen.

RATGEBER

GRILLBROTE

Innen fluffig, außen knusprig: Mit diesen Tipps werden Fladenbrot, Baguette & Co. zum BBQ-Star!

TEIG VORBEREITEN – SO GEHT'S GANZ EASY

Manchmal fehlt einfach die Zeit, um frischen Teig anzusetzen – aber auf selbst gemachtes Brot braucht ihr trotzdem nicht zu verzichten! Mit diesen Tricks seid ihr bestens vorbereitet.

✓ **Am Vortag vorbereiten:** Teig abends ansetzen, abdecken und in den Kühlschrank stellen. Die Hefe arbeitet langsam weiter und am nächsten Tag könnt ihr gleich mit dem Backen loslegen.

✓ **Für spontane Grillabende:** Den Teig in Portionen einfrieren – so habt ihr immer einen Vorrat. Wenn es ans Grillen geht, die gewünschte Menge einfach auftauen lassen und direkt auf den Rost legen.

✓ **Schnell zubereiten mit Backpulver:** Statt Hefe könnt ihr bei hellen Weißbroten Backpulver verwenden. So spart ihr euch die Gehzeit und könnt gleich starten.

Das Brotmesser „Red Spirit" sägt mit ***extralanger Klinge*** *sogar durch große Laibe oder ganze Blechbrote. Ca. 60 Euro, auf www.dick.de*

Die 3 wichtigsten Tipps BROTE GRILLEN

1. **Vorheizen:** Mittlere Hitze eignet sich perfekt für indirektes Grillen und sorgt dafür, dass das Brot gleichmäßig durchgart, ohne dass es außen zu dunkel wird.

2. **Rost vorbereiten:** Ein wenig Öl oder Butter auf dem Grillrost verhindert, dass das Brot festklebt. So bleibt die Kruste schön intakt und das Brot lässt sich leichter wenden.

3. **Ideale Temperatur:** Legt das Brot zunächst auf den indirekten Teil des Grills – also nicht direkt über die Glut. So bleibt es innen saftig. Deckt den Grill ab und lasst es gleichmäßig garen. Für eine knusprige Kruste könnt ihr das Brot zum Schluss kurz direkt über die Glut legen.

RUNDE SACHE

Verwendet den Messbecher, um frischen Teig in gleichmäßige Portionen zu teilen – so erhaltet ihr schnell die ideale Größe für Brötchen. Mit kreisenden Bewegungen im Messbecher formt ihr die Teiglinge zu schönen, runden Brötchen, die alle gleichmäßig garen.

OHNE WEIZEN GENIESSEN

Wer auf Weizen verzichten möchte, kann für alle unsere Grillbrote zu Dinkelmehl Type 630 greifen. Es macht sie schön aromatisch und verleiht ihnen eine kräftige, nussige Note. Der Teig lässt sich genauso zubereiten wie gewohnt – ein kleines Extra an Wasser von etwa 10 % sorgt dafür, dass er geschmeidig wird.

Glutenfrei backt ihr mit „Mix it Universal" von Dr. Schär. Das Mehl im Rezept eurer Wahl einfach 1:1 ersetzen. 1 kg ca. 4 Euro, www.schaer.com

Fotos: Anna Gieseler (3); Friedr. Dick GmbH & Co. KG/Press Loft (1); Adobe Stock/Lukas Gojda (1), /maxsol7 (1); Dr. Schär (1)

KLEINE HELDEN *auf dem Tisch*

Dips und Marinaden sind die unscheinbaren, aber eigentlich unverzichtbaren Stars jedes Grillabends. Statt auf fertige Produkte zurückzugreifen, zaubern wir sie ganz einfach im Monsieur Cuisine

FIX

Gewürzgurken-Zaziki
Rezept siehe Seite 104

ZAZIKI-UPGRADE
Die saure Gurke und der Dill verleihen dem Zaziki eine frische Würze – perfekt zu mediterranen Gerichten wie Falafel, gegrilltem Lamm und Hähnchen oder Fisch sowie zur Folienkartoffel.

Homemade mit Extra-Kick

Bacon-Mayo

00 | 10 std : min

LOW CARB · LOW FAT

PRO PORTION (30 G): 171 KCAL | 2 G E | 18 G F | 0 G KH

ZUTATEN FÜR 300 G

- ★ **100 g Bacon, in Streifen**
- ★ **250 g Sonnenblumen- oder Rapsöl**
- ★ **1 Ei**
- ★ **1 TL Zitronensaft**
- ★ **1 TL mittelscharfer Senf**
- ★ **¼ TL Salz**
- ★ **1 EL Tomatenmark**
- ★ **1 TL edelsüßes Paprikapulver**

1 | Den Bacon in einer Pfanne ohne Öl anbraten und anschließend auf einem Küchentuch abtropfen lassen. Das ausgelassene Fett in eine Schüssel umfüllen und auskühlen lassen. Den Bacon klein scheiden.

2 | Eine Schale auf den Deckel des [Mixtopf] stellen, das Öl einwiegen und danach beiseitestellen.

3 | Für die Mayonnaise das Ei, Zitronensaft, Senf und Salz in den [Mixtopf] geben, **30 Sek. | Stufe 4** vermengen. Dann **2 Min. | Stufe 4** einstellen. Den Messbecher eingesetzt lassen und das Öl sowie das Baconfett langsam auf den Deckel des [Mixtopf] gießen, sodass es am Messbecher vorbei in dünnem Strahl auf das laufende Messer tropft und die Mayonnaise emulgiert.

4 | Tomatenmark, Paprikapulver und den klein geschnittenen Bacon zugeben und **15 Sek. | Stufe 3** vermengen. In eine Schüssel umfüllen und im Kühlschrank aufbewahren.

>HALTBARKEIT Frisch hergestellte Mayonnaise innerhalb von 2 Tagen aufbrauchen.

MAYO MIT CRUNCH

Lasst den Bacon nach dem Anbraten gut abtropfen, damit die Konsistenz der Mayo schön seidig bleibt. Außerdem sorgt der Speck dann für den unwiderstehlichen Crunch. Die Mayo passt zu gegrilltem Fleisch, saftigen Burgern, Wedges und Pommes.

Fotos: Anna Gieseler (1); Sandra Leibinger (1); Adobe Stock/New Africa (1)

Rösten, Mixen, Dippen

EINFACH CLEVER
Zuerst rösten wir die Paprika im Ofen. Danach verwandeln wir sie im Monsi mit cremigem Frischkäse und Feta in Sekunden in einen Dip.

Gerösteter Paprikadip

00 35 std : min

LOW CARB LOW FAT

PRO PORTION (30 G): 43 KCAL | 2 G E | 3 G F | 1 G KH

ZUTATEN FÜR 450 G

- 3 Spitzpaprikaschoten, halbiert
- 2 Knoblauchzehen
- 4 EL Olivenöl
- 175 g Frischkäse
- 200 g Feta
- 1 TL Honig
- ¼ TL Salz
- ½ TL geräuchertes Paprikapulver
- ¼ TL Chiliflocken

1 Den Backofen auf 200 °C Ober-/Unterhitze vorheizen. Spitzpaprika mit der Haut nach oben und Knoblauchzehen auf ein Backblech legen. Mit 3 EL Olivenöl beträufeln und 20–25 Min. im Backofen rösten. Abkühlen lassen.

2 Frischkäse, Feta, 1 EL Olivenöl, Honig, Salz, Paprikapulver und Chiliflocken in den geben. Paprika, Knoblauch sowie das restliche Olivenöl vom Anrösten zufügen und alles **30 Sek.** | **Stufe 10** pürieren.

3 Den Dip in eine Schüssel füllen, nach Belieben mit Petersilie und Chiliflocken bestreuen und servieren.

>**HALTBARKEIT** Der Dip ist gekühlt 2 bis 3 Tage haltbar.

Gewürzgurken-Zaziki

00 10 std : min

LOW CARB LOW FAT

PRO PORTION (30 G): 31 KCAL | 1 G E | 3 G F | 1 G KH

ZUTATEN FÜR 700 G

- 2 Knoblauchzehen
- Spitzen von 8 Stielen Dill
- 200 g Gewürzgurken (Glas), abgetropft, in Stücken, zzgl. 2 EL Gurkenwasser
- 500 g Sahnejoghurt
- 1 EL Olivenöl
- 1 TL Salz
- 3 Prisen Pfeffer

Knoblauch mit Dill im **3 Sek.** | **Stufe 8** zerkleinern. Gurken zufügen, **5 Sek.** | **Stufe 5** zerkleinern. Mit dem nach unten schieben. Restliche Zutaten zugeben und **15 Sek.** | | **Stufe 3** verrühren. Bis zum Servieren kalt stellen.

>**HALTBARKEIT** Der Zaziki ist gekühlt 2 bis 3 Tage haltbar.

>**DURCHZIEHEN** Zaziki entwickelt seinen Geschmack am besten, wenn er einige Stunden im Kühlschrank durchzieht.

Vorfreude auf LIEBE GÄSTE

RELAXT FEIERN

Essen im Freien genießen – das geht ganz entspannt. Denn die Deko übernimmt der Garten selbst, während wir mit schönen Gläsern und bunten Leckerbissen unsere Gäste herzlich in Empfang nehmen. „Twiddle"-Trinkgläser, 6er-Set, ca. 106 Euro, www.zafferanoitalia.com

Fotos: Sandra Leibinger (1); Anna Gieseler ((1); Zafferano/Blume PR (1)

Dressing Sylter Art

00 | 10 std : min

LOW CARB · LOW FAT

PRO PORTION (30 G): 166 KCAL | 1 G E | 16 G F | 5 G KH

ZZGL. 2 TAGE UND 1 STD. RUHEZEIT

ZUTATEN FÜR 2 FLASCHEN À 250 ML

- **1 Schalotte, halbiert**
- **1 Knoblauchzehe**
- **15 g Salz**
- **50 g Zucker**
- **3 Prisen Pfeffer**
- **60 g heller Balsamicoessig**
- **300 g Wasser**
- **20 g Stärke**
- **250 g Rapsöl**
- **1 Ei**

1 | Schalotte und Knoblauch im **5 Sek. | Stufe 8** zerkleinern, mit dem nach unten schieben. Salz, Zucker, Pfeffer sowie Essig zufügen und **6 Sek. | Stufe 5** vermischen. In ein Schraubglas umfüllen und 2 Tage im Kühlschrank ziehen lassen.

2 | Nach der Ziehzeit Wasser mit Stärke in den geben, **5 Sek. | Stufe 5** verrühren und **4 Min. | Stufe 2 | 100 °C** aufkochen. Etwa 1 Std. abkühlen lassen.

3 | Öl, Ei sowie den Soßen-Ansatz zufügen und **50 Sek. | Stufe 10** emulgieren. Abschmecken und zum Salat servieren.

>HALTBARKEIT Das Dressing ist gekühlt 2 bis 3 Tage haltbar.

SCHNELL GEMIXT

Den Alltime-Favoriten bereiten wir lieber selbst zu, anstatt ihn teuer zu kaufen. Dank des Monsis bereiten wir das Dressing in nur 10 Minuten zu und noch dazu schmeckt es viel besser als die Supermarkt-Variante.

HIGHLIGHT IM GRÜNEN

Die eleganten Salatschalen „Saisons" aus Steinzeug im schönen Grünton „agave" setzen Blatt-, Nudel- und Kartoffelsalate toll in Szene. Besonders: die Glasuren machen jedes Exemplar zum Unikat. Ab ca. 40 Euro, www.asa-selection.com

Geröstete Knoblauchsoße

01 00 std : min

PRO PORTION (1 EL): 47 KCAL | 0 G E | 5 G F | 1 G KH

ZUTATEN FÜR 200 G

- 1 Knoblauchknolle
- 1 EL Olivenöl
- 1 frisches Ei
- 2 TL Zitronensaft
- 1 TL mittelscharfer Senf
- ¼ TL feines Meersalz
- 1 Prise Pfeffer
- 150 g Sonnenblumen- oder Rapsöl
- 20 g Tomatenketchup
- 1 EL Schnittlauchröllchen
- ½ TL edelsüßes Paprikapulver

1 Den Backofen auf 200 °C Ober-/Unterhitze vorheizen. Die Spitze des Knoblauchs ca. 1 cm breit abschneiden, sodass jede einzelne Zehe angeschnitten wird. Die Knoblauchknolle mit der angeschnittenen Seite nach oben auf ein Stück Alufolie setzen, mit dem Olivenöl beträufeln, Alufolie verschließen und 35–40 Min. backen, bis er weich geworden ist.

2 Für die Mayonnaise Ei, Zitronensaft, Senf, Salz sowie Pfeffer in den [Mixtopf] geben und **15 Sek. | Stufe 4** vermengen.

3 Öl in ein separates Gefäß einwiegen. Den [Mixtopf] auf **2 Min. | Stufe 4** einstellen. Das Öl auf den Deckel gießen und am Messbecher vorbei in den [Mixtopf] laufen lassen.

4 Ketchup, Schnittlauch, Paprikapulver sowie die weichen Knoblauchzehen dazugeben und alles **20 Sek. | Stufe 3** verrühren. Bis zum Verzehr kalt stellen.

>HALTBARKEIT Im Kühlschrank lagern und innerhalb von 2 Tagen aufbrauchen. Die Soße passt perfekt zur nächsten Grillparty oder zu Pommes und Nachos.

GANZE KNOLLE
Wir verwenden hier eine komplette Knoblauchknolle. Durch das Rösten im Ofen verliert sie ihre Schärfe und erhält ein mildes, süßes Aroma. Vorsicht, heiß – vor dem Ausdrücken etwas abkühlen lassen.

Fotos: Anna Gieseler (1); Sandra Leibinger (1); Asa Selection (1)

Die sorgen für FEINE WÜRZE

FIX
Alle Marinaden sind in nur 10 Minuten zubereitet

HALTBARKEIT
Alle Marinaden bleiben gekühlt 2 bis 3 Tage frisch.

1
Joghurt-Marinade
Rezept siehe rechte Seite

2
Kräuter-Marinade
Rezept siehe rechte Seite

3
Paprika-Marinade
Rezept siehe rechte Seite

4
Asia-Marinade
Rezept siehe Seite 110

5
Honig-Senf-Marinade
Rezept siehe Seite 110

Fotos: Anna Gieseler

Top 5 MARINADEN

Joghurt-Marinade

00 10 std : min

LOW CARB LOW FAT

PRO PORTION (1 EL):
36 KCAL | 0 G E | 4 G F | 1 G KH
ZUTATEN FÜR 1 GLAS À 100 ML

- 2 Knoblauchzehen
- 50 g Joghurt
- 30 g Rapsöl
- 1 TL Salz
- 1 TL edelsüßes Paprikapulver
- 3 Prisen Pfeffer

Knoblauch in den geben, **5 Sek. | Stufe 8** zerkleinern. Mit dem nach unten schieben. Die restlichen Zutaten zufügen und **15 Sek. | Stufe 4** vermengen. Grillgut nach Wahl damit marinieren und im Kühlschrank mind. 1 Std. ziehen lassen.

>**PASST** zu Hähnchen, Lamm und Gemüse.

1

2

Kräuter-Marinade

00 10 std : min

LOW CARB LOW FAT

PRO PORTION (1 EL):
53 KCAL | 0 G E | 6 G F | 0 G KH
ZUTATEN FÜR 1 FLASCHE À 125 ML

- 2 Knoblauchzehen
- Nadeln von 1 Zweig Rosmarin
- 80 g Rapsöl
- Saft von ½ Zitrone
- ½ TL Salz
- 1 EL TK-Kräutermischung

Den Knoblauch mit dem Rosmarin in den geben und **5 Sek. | Stufe 8** zerkleinern. Mit dem nach unten schieben. Restliche Zutaten zufügen, **15 Sek. | Stufe 4** vermengen. Das Grillgut nach Wahl damit marinieren und im Kühlschrank mind. 1 Std. ziehen lassen.

>**PASST** zu Hähnchen, Schwein, Gemüse oder Fisch – sorgt für ein frisches, würziges Aroma.

Paprika-Marinade

00 10 std : min

LOW CARB LOW FAT

PRO PORTION (1 EL):
79 KCAL | 0 G E | 8 G F | 0 G KH
ZUTATEN FÜR 1 GLAS À 100 ML

- 2 Knoblauchzehen
- 80 g Rapsöl
- 4 TL Paprikapulver
- 1 TL Salz
- 3 Prisen Pfeffer
- 1 TL Essig

Knoblauch in den geben und **5 Sek. | Stufe 8** zerkleinern. Mit dem nach unten schieben. Die restlichen Zutaten zufügen und **15 Sek. | Stufe 4** vermengen. Grillgut nach Wahl damit marinieren und im Kühlschrank mind. 1 Std. ziehen lassen.

>**PASST** zu Hähnchen, Schwein, Gemüse und Tofu. Sorgt für eine rauchige und leicht süßliche Note.

3

Asia-Marinade

00 10 std : min

LOW CARB · LOW FAT

PRO PORTION (1 EL):
38 KCAL | 0 G E | 3 G F | 4 G KH
ZUTATEN FÜR 1 GLAS À 100 ML

- 2 Knoblauchzehen
- 1 cm Ingwer
- 60 g Sojasoße
- 30 g Sesamöl
- 20 g Honig

Knoblauch mit Ingwer in den Mixtopf geben und **5 Sek. | Stufe 8** zerkleinern. Mit dem Spatel nach unten schieben. Restliche Zutaten zufügen und **15 Sek. | Stufe 4** vermengen. Grillgut nach Wahl damit marinieren und im Kühlschrank mind. 1 Std. ziehen lassen.

>**PASST** zu Hähnchen, Fisch, Gemüse, bringt ein exotisches Aroma.

Honig-Senf-Marinade

00 10 std : min

LOW CARB · LOW FAT

PRO PORTION (1 EL):
12 KCAL | 0 G E | 1 G F | 0 G KH
ZUTATEN FÜR 1 GLAS À 100 ML

- 2 Knoblauchzehen
- 60 g Rapsöl
- 40 g mittelscharfer Senf
- 20 g Honig
- 2 TL Salz
- 1 TL Currypulver
- Saft ½ Zitrone

Knoblauch in den Mixtopf geben und **5 Sek. | Stufe 8** zerkleinern. Mit dem Spatel nach unten schieben. Restliche Zutaten zufügen und **15 Sek. | Stufe 4** vermengen. Umfüllen. Grillgut nach Wahl damit marinieren und im Kühlschrank mind. 1 Std. ziehen lassen.

>**PASST** zu Hähnchen, Lachs, Schwein, Tofu oder Gemüse. Sorgt für eine karamellisierte Kruste und eine feine Senfnote..

MIT RUHE ZUM GESCHMACK

Euer Fleisch und auch Gemüse verfeinert ihr mit Marinaden. Das Grillgut dafür mit der Würzsoße in verschließbare Frischhalte- oder Silikonbeuteln geben und im Kühlschrank ruhen lassen. Dabei nehmen die Lebensmittel die Aromen auf. Im **ZauberTopf** Shop findet ihr wiederverwendbare Beutel ab ca. 14 Euro, www.zaubertopf-shop.de

RATGEBER

BBQ DE LUXE

Wertvolle Tipps für eure Outdoor-Küche und glückliche Gäste

KREATIVER GRILLEN

Mit hochwertigem emailliertem Gusseisen-Kochgeschirr erweitert ihr die Range der Gerichte, die auf dem Rost möglich sind. Neu vom Gusseisen-Profi Le Creuset: die „BBQ Outdoor Collection" speziell für den Grill. Mit dabei: große und kleinen Pfannen sowie Grillkörbe für Gemüse, Fleisch, Pizza, Ei, Bacon und mehr. Ab ca. 160 Euro, www.lecreuset.de

WÜRZEN NACH WUNSCH

Die „Maestro Salzbar" bringt Abwechslung. Dank austauschbarer Salzbehälter lässt sich die Salzsorte schnell wechseln. Das Zirlion-Mahlwerk sorgt für höchste Präzision. Mit 3 Behältern, ca. 85 Euro, de.peugeot-saveurs.com

WAS KOMMT WANN AUF DEN GRILL?

Damit alles gleichzeitig fertig ist: erst das Grillgut mit längerer Garzeit auflegen, später Kurzgebratenes zufügen.

- ✓ **Würstchen:** 15–20 Minuten
- ✓ **Gemüse:** 10–15 Minuten
- ✓ **Steak:** 5–8 Minuten je Seite
- ✓ **Fisch:** 5–7 Minuten je Seite
- ✓ **Burgerpatty:** 4–6 Minuten je Seite

*Dank Vakuum-Verschluss halten die „Fresh & Save Bowls" eure Salate und Dips **länger frisch**. Glas oder Edelstahl – zum Aufbewahren und Servieren. Ab ca. 25 Euro, www.zwilling.com*

MEHR IDEEN

Auf unserem YouTube-Kanal gibt's noch mehr Inspiration rund ums Grillen. In dieser Folge zeigt euch Isy, wie ihr in nur 30 Sekunden eine Grillsoße selbst mixt. Schaut vorbei!

5 Tipps zum Marinieren

So gelingen Geschmack und Textur eures Grillguts perfekt.

1. **Vorbereitung:** Wascht das Grillgut, schneidet es in gleichmäßige Stücke und entfernt überschüssiges Fett oder die Haut, damit die Marinade gut einziehen kann.
2. **Marinieren:** Verwendet verschließbare Beutel, Frischhaltedosen oder flache Schüsseln. Bestreicht das Grillgut mit einem Pinsel oder massiert es im Beutel, bis die Marinade gleichmäßig verteilt ist.
3. **Ruhezeit:** Lasst das Grillgut mindestens 3 Stunden – besser über Nacht – marinieren. Für schnellere Ergebnisse schneidet das Fleisch in kleinere Stücke, um die Oberfläche zu vergrößern. Immer kühl lagern!
4. **Abtupfen:** Tupft überschüssige Marinade ab, bevor ihr das Grillgut auf den Rost legt. So verhindert ihr, dass es verbrennt, und sorgt dafür, dass alles gleichmäßig gegart wird.
5. **Wiederholen:** Der Geschmack wird intensiver, wenn ihr das Fleisch während des Grillens erneut mit der Marinade bestreicht.

Fotos: Anna Gieseler (2); Archiv (2); Adobe Stock / kasia2003 (1); ©Le Creuset (1); Peugeot/TrendXpress (2); Zwilling (1)

HIER WIRD *gezaubert!*

Im **ZauberMix** Team ist immer etwas los. Hier gibt's einen Blick hinter die Kulissen …

ENDLICH WIEDER SONNE

Sobald die ersten Sonnenstrahlen sich blicken lassen, zieht es das **ZauberMix** Team raus ins Freie, um die Mittagspause im Sonnenschein zu genießen. Ein kleiner Genuss, der den Tag gleich viel schöner macht.

Kamera und Action!

Während Monsi-Expertin Isy in der Küche zaubert, sorgt unser Kameramann Daniel dafür, dass jedes Detail perfekt eingefangen wird. Der kreative Austausch läuft immer auf Hochtouren und es macht einfach Spaß zu sehen, wie alles zusammenkommt. Es wird gemixt, probiert und gelacht – ein Tag voller neuer Ideen, köstlicher Gerichte und jeder Menge guter Laune. Und unser Kameramann? Der lässt es sich nicht nehmen, auf der Küchentheke herumzutanzen, um auch wirklich den perfekten Winkel für den nächsten Shot zu finden. So macht Arbeiten richtig Spaß!

Ideenaustausch

Hinter den Kulissen wird getüftelt, ausprobiert und geplant – immer auf der Suche nach den nächsten Highlights für euch. Natürlich darf dabei die passende Nervennahrung nicht fehlen – und ein paar kleine Naschereien stehen daher immer parat. So sprudeln die Ideen beinahe wie von selbst.

Der Airfryer-Hit

Neues Magazin

Der Airfryer ist voll im Trend! Wir lieben smarte Küchenmaschinen und widmen uns nun daher auch in einem **ZauberTopf** EXTRA den coolen Heißluftfritteusen. Inzwischen gibt es bereits zwei spannende Ausgaben. Die zweite findet ihr im Zeitschriftenhandel sowie beide unter www.falkemedia-shop.de

Fotos: Archiv (7)

VORSCHAU

Die Ausgabe 4/2025 von **ZauberMix** erscheint am **4. Juli 2025**

LEICHTER DAMPFGAR-SOMMER

Im Dampfgarer steckt mehr, als so mancher ahnt. Er erledigt für euch die Zubereitung vollständiger Speisen und das sehr kreativ. Erlebt mit cleveren Kombis weniger Zutaten, wie einfach und stressfrei ihr wahre Leckereien aus dem smarten Aufsatz herausholt!

Pizza meets Pasta!

SCHNELLE NUDELHITS MIT TWIST

Jetzt wird die Terrasse zum Ristorante! Wir kombinieren Pasta mit allem, was wir an Pizza lieben, und genießen so rasant gekochte Gerichte für laue Sommerabende. Freut euch auf fruchtige Pasta Margherita, aromatische Spaghetti Funghi und pikanten Nudelsalat mit Salami.

Profi-Mix

FRUCHTALARM

Wir verwandeln Mango, Blau- und Erdbeeren in Sekunden in seidigste Fruchtsoßen für kleine Leckereien zwischendurch. Unsere besten Tricks, wie ihr die Soßen verwendet oder auch haltbar macht und welche Zubehöre sich dafür eignen, erfahrt ihr in der nächsten Ausgabe.

Abkühlung gefällig?

SPEZIAL

AB INS EISKAFFEE!

Cremig und wunderbar erfrischend – mit einem großen Glas voll eisgekühltem Kaffee oder einem Becher mit extrasoftem Sahne-Eis legen wir die Beine hoch und genießen die heißen Sommertage. In unserem großen Spezial entdeckt ihr viele neue und vor allem coole Kreationen mit Lieblingsaromen von Karamell, Zimtschnecken und mehr.

TORTEN WIE IM HOFCAFÉ

Wie euch superluftiger Biskuit schnell und ohne Eiertrennen oder die crispy Baiserhaube für Stachelbeer- und Himbeertorte gelingen? Natürlich mit unseren einfachen Rezepten und eurem Monsi. Das Ergebnis: himmlisch lockere und vor allem leckere Schichttorten!

Fotos: StockFood / Stile Italia Edizioni (1), Great Stock! (1); Anna Gieseler (4) | Die angekündigten Themen können abweichen.